Marianne E. Meyer
Über den Tod hinaus
Wie mein Mann mir aus dem
Jenseits bewies, dass es nach dem Tod weitergeht

Produktion und Herausgabe
BoD – Books on Demand, Norderstedt
ISBN 978-3-74416212

Autorin und Verlag übernehmen keinerlei Haftung für Schäden irgendeiner Art, die direkt oder indirekt aus der Anwendung oder Verwendung der Angaben in diesem Werk entstehen.

Einige weitere Bücher von M. E. Meyer:

Familien Code – Der Tod ist keinesfalls das Ende
Wasser verbindet die Welten
Zugvögel auf Rädern II - Fit und froh in Marokko 2015
Spirulina, Überlebensnahrung für ein neues Zeitalter
Psyllium - So bekommen Sie Ihr Fett weg
Wunderwesen Wasser: Clusterwasser stoppt Allergie,
Alzheimer, Krebs...
Spirulina, das blaugrüne Wunder

Marianne E. Meyer, Apartado 320, P-8801 Tavira

Marianne Erika Meyer studierte Pädagogik in Frankfurt, als sie ihren Mann beim Kauf eines Autos kennen und lieben lernte. Mitte der 1980er Jahre übersiedelten sie für zehn Jahre nach Kalifornien. Dort studierte die Autorin Ernährungswissenschaft. Ihre Doktorarbeit über Immunabwehr und Spirulina veröffentlichte sie in ihrem Bestseller *Spirulina, das blaugrüne Wunder.* Sie lebte abwechselnd in Südhessen, Marokko und einem Bauernhaus in Portugal. Derzeit kümmert sie sich neben ihrer Arbeit um wilde Katzen und Hunde. Der plötzliche Übergang ihres geliebten Mannes in die geistige Welt und seine beweiskräftigen Nachtodkontakte haben Marianne E. Meyers Fokus von Gesundheitsthemen vorübergehend hin zu Spiritualität gelenkt.

Bildnachweise:
Cover: C.-P. Meyer, E. F. Braun
R. Taylor S. 2, E. F. Braun S. 26,50,73,74, B. Dodge S. 27, K. Sten 63
Layout, Typography & Satz: M. Meyer

Initialer Schock und erste Begegnung

Am 11.2.2017 waren wir mitten in der Vorbereitung unserer Marokkoreise. Das Wohnmobil war gepackt, Motorroller und Fahrrad waren in der Heckgarage verstaut. Peter wollte noch die Batterie aufladen. Da es lang anhaltend geregnet hatte, war mal wieder etwas Wasser ins Schlafzimmer gekommen. Ich war dabei, den Boden zu wischen, als ich Peters Ausruf und das Geräusch seines Fallens vor der Haustür wahrnahm. Ich dachte, er sei auf den nassen Fliesen ausgerutscht. Zwischen Tür und Angel versuchte ich, ihm hoch zu helfen. Auf meine Frage, was er denn habe, antwortete er nicht mehr; Speichelbläschen blubberten aus seinen Mundwinkeln. Ich rief sofort Peters Bruder an, der wenig später mit seiner Frau kam. Wir führten Wiederbelebungsversuche durch. Aber als ich meinem geliebten Mann meinen Atem zuführte, war mir bereits klar, dass es keine Hoffnung mehr gab, unser fast 44-jähriges gemeinsames Leben weiterführen zu können. Auch die Männer des herbeigerufenen Notarztwagens konnten nichts mehr erreichen.

Im Leichenschauhaus des Krankenhauses in Faro lag Peter aufgebahrt wie friedlich schlummernd da mit einem Lächeln auf den Lippen. Nachdem ich mich mit einem letzten Kuss verabschiedet hatte, kam mir der Gedanke, dass das alles seinen Sinn hat, dass alles gut ist und Peter mir noch helfen und Beistand leisten wird. Erst später kam mir in den Sinn, dass es sich wohl um eine Gedankenübertragung gehandelt hat. Denn jahrelang machten wir die Erfahrung, dass einer von uns etwas aussprach, das der andere gerade gedacht hatte.

In der Nacht zum 17.2. zeigte mir Peter in seinem verwaschenen weiß-grauen Bad Boy T-Shirt und den Bermudas, die er

schon in Kalifornien gern getragen hatte, seine lichtdurchflute-
te neue Umgebung. Sie erinnerte mich an die Dünenlandschaft
des Erg Chebbi in Marokko. Peter liebte die Wüste fast genauso wie das Meer. Er konnte sich so sehr über jede Wüstenblu-
me freuen.

Im Buch *Trost aus dem Jenseits* wurde ich erst darauf aufmerksam, dass die Verstorbenen oft die Kleidung tragen, die
für die Menschen, denen sie erscheinen, von spezieller Bedeutung sind. Diese Kleidung ist für mich von ganz besonderer
Tragweite. In diesem Outfit wurde mein den Nikotinentzug gerade mit Wodka kompensierender Engelchen-Bengelchen-
Mann in einer lauen kalifornischen Sommernacht fast erschossen. In der Folge dieses einschneidenden Erlebnisses hätten wir
uns beinahe getrennt, wie auf dem Wasserkristallfoto auf Seite
26 zu erkennen ist.

Alles um uns herum atmete Helligkeit und Licht. Peter strahl-
te mich überglücklich an und sagte: Hier ist es immer schön
warm." Ich wäre so gern bei ihm geblieben.

13

Zwar milderte diese Erfahrung den Schmerz meines schweren Verlustes etwas und machte mir die Trauer erträglicher. Aber nicht die Verzweiflung, die Tatsache, dass ich Peter als Mensch so sehr vermisse. Um ihn brauche ich mir keine Sorgen mehr zu machen, dass er zu schnell fährt oder zu weit raus schwimmt, ich muss nur meine Trauer bewältigen und mein Leben wieder in den Griff zu bekommen. Dabei bin ich hin- und hergerissen zwischen der Hoffnung, dass mir die Beschäftigung mit dem Buch dabei hilft und der Furcht, dass es mich immer wieder neu aufwühlt. Aber seit dieser Gedankenübertragung in der Leichenhalle denke ich, dass Peter das auch will. Immerhin hoffe ich, damit nicht nur mir zu helfen, sondern auch den vielen anderen Hinterbliebenen. Denn, solange eine Beziehung auch dauern mag, irgendwann kommt der Tag, wo einer geht. Und dann ist es ein Trost zu wissen, dass die lieben Angehörigen zumindest noch für eine Weile in der Nähe sind und an unserem Leben teilhaben bzw. auf uns warten.

Am Morgen machte ich das Licht an und las ein paar Zeilen in Eliot Pattisons Buch „Der fremde Tibeter" als das Licht der Nachttischlampe plötzlich ausging. Ich legte die Brille weg und mich zur Seite. Ich sagte: „Wollen wir mal Löffelchen liegen oder was ist?" Als das Käuzchen schrie, sagte ich, „ach der Jakob" und schwupp, war das Licht wieder an. Es ist noch gar nicht so lange her, da fing Peter an, das Käuzchen Jakob zu nennen. Ich sagte, „wie kommst du darauf?" Er sagte: "Karl sagt das immer." Ob Peter von seinem Ende geahnt hat und das als Möglichkeit erwog, mich zu kontaktieren? Ich hab ihm das mit dem Licht ja schon immer gesagt, wenn meine Mutter mich damit auf etwas aufmerksam machen wollte. Natürlich achte ich jetzt noch viel mehr auf irgendwelche Zeichen.

Am Abend hatte ich eine Talkshow laufen, schrieb aber dabei E-Mails und guckte gar nicht hin. Peter mochte keine Talkshows. Für jene Arbeiten am PC, bei denen ich wenig geistig Anspruchsvolles leiste, sind sie ideal, weil ich nicht hinsehen muss. Plötzlich gab es ein Geräusch, als ob etwas Leichtes umfällt. Etwa eine halbe Minute später ging der Fernseher aus. Hätte ich nach dem Geräusch aufgeschaut, wäre mir die Anzeige der Abschaltautomatik am Fernseher aufgefallen. Ein bisschen später sah ich, was das Geräusch war. Die schräg gegen die Urne lehnende Trauerkarte mit Peters Foto war nach vorne gekippt. Doch, dass sie von ganz alleine umgefallen sein soll, ist technisch überhaupt nicht möglich, weil ich sämtliche Fenster und Türen geschlossen hatte und es keinerlei Luftzug gab.

Am Samstag, den 18.2., eine Woche danach, war die Zeit vor und um die Sterbestunde besonders schwer zu ertragen. Ich war wieder total blockiert und benommen. Zum Glück kam dann eine E-Mail von einem Sangeskameraden, das die Schleusen wieder öffnete. Unser Chor hat um die fünfzig Mitglieder. Ich erhielt also dankenswerterweise eine Vielzahl von zum Teil herzergreifenden Andachtsgrüßen und weiß jetzt, dass es für Hinterbliebene überaus tröstlich ist, wenn sie zu bestimmten Zeiten nicht allein sind oder Ansprache per Telefon oder E-Mail haben. Peter war ja auch ein gern gesehenes Groupie. Er filmte uns manchmal bei unseren Auftritten und schoss die Fotos für unsere Flyer. Er brachte mich immer zum Chor ins Café Zé in Luz de Tavira, las die deutsche Zeitung in der Bibliothek, kaufte noch etwas ein, holte mich wieder ab, trank noch ein Glas Rotwein für 50 Cents und unterhielt sich mit dem einen oder anderen Chormitglied.

Heute ist besonders merkwürdig, dass bis auf die E-Mails nichts im Internet geht. Das heißt, dass ich an keinem Buch arbeiten kann, bei dem ich Übersetzungs- oder Grammatikhilfe brauche. Es geht momentan nur das Trauerbuch. Aber wie gibt es denn so etwas? Bisher war es immer so, dass das Internet entweder geht oder gar nicht geht. Das war jedenfalls bisher immer so. Auch die Google Boys und Girls konnten mir in dieser Frage nicht weiterhelfen. Renate, die mich kurz besucht hatte, war auch erstaunt über dieses Phänomen, weil das auch bei ihr selbst noch nie vorgekommen war. Und dann der Hammer mit der Säge: Ich sägte am Morgen an einem dicken Ast.

Nach einer langen Pause beendete ich das Werk so gegen 13:30 Uhr. In beiden Sägeflächen erkannte ich ein Zeichen, das ich schon bei Wasserkristallfotos entdeckt hatte, die auf den Tod einer Person bzw. eines Tieres hinweisen. Auch zeigt es den Anfang beim Malen einer Rose. Ich habe sofort an Peters

Kurs bei seinem Onkel, dem Kunstmaler Adolf Meyer aus Gauting gedacht, dem er einen seiner vielen Vornamen verdankt. Er hatte seinem Neffen gezeigt, wie einfach es ist, eine Rose zu malen. Aber es zeigt auch deutlich das Zeichen für den körperlichen Tod, das mir bei den Wasserkristallfotos aufgefallen war: ein dunkler Ring mit einem weißen mittigen Punkt. Leider war das dritte Foto mit dem besseren Stück, wo der dunkle Ring deutlicher zu sehen war, noch im neuen Smartphone, das einen Starkstromangriff des E-Werkes nicht überstanden hat, als ich es aufladen wollte. Auch, dass Teile desselben Astes so unterschiedliche Bilder gaben, fand ich seltsam.

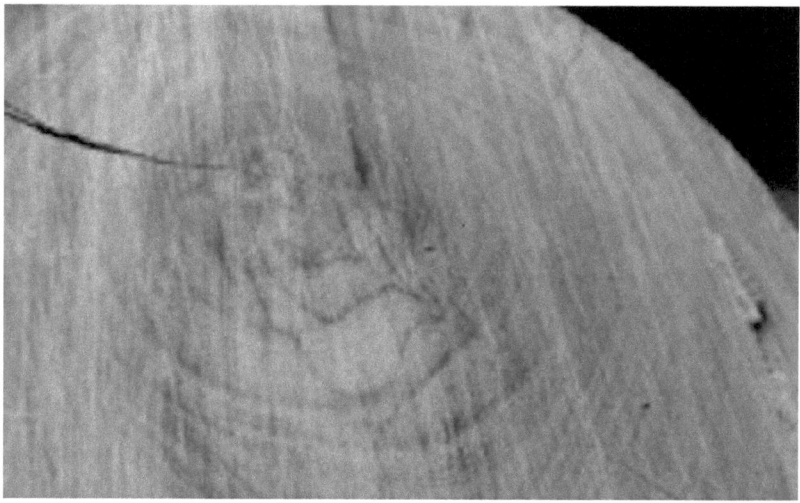

Dies sind natürlich alles keine Beweise für Nachtodkontakte. Doch mit nicht von der Hand zu weisender Beweiskraft beglückte Peter mich schon am 11. Tag nach seinem Übergang in die geistige Welt.

Nachtodkontakte mit Beweiskraft

Dass unsere verstorbenen Lieben in der anderen Dimension noch heftig mitmischen, erlebte ich am Morgen des 22.2.: Isabel Bannier-Groß, die Tochter von Peter Groß, der 2007 die Goldmedaille mit seinem Wassergerät auf der weltgrößten Erfindermesse in Genf gewann, rief an. Sie und ihr Mann hatten uns im Winter 2016 in der Algarve besucht. Isa hatte gerade erst ihre E-Mails gecheckt. Ich weiß nicht mehr genau, wie es anfing, ich weinte und fragte, „was soll ich denn noch hier?"

Sie empfahl mir daraufhin bestimmte Pillen, die ihr über den Verlust ihres Sohnes Christian geholfen hatten. Plötzlich sagte sie, „du ich sehe gerade Peter. Er sieht ganz happy aus, lacht wie immer. Er hat sein Rotweinglas in der Hand und zeigt auf eine Hütte, die er sich mit einem anderen Mann teilt. Er will sich aber etwas Eigenes zum Wohnen suchen. Peter hat ein helles T-Shirt an mit etwas grau, sieht aus wie Flecken." „Was? So hab ich ihn am 6. Tag gesehen. Ich bin mit ihm herumgelaufen, alles war hell und warm, aber ich wusste, dass ich ihn nur auf der anderen Seite besucht hab." Isa sagte, „das ist komisch, Peter zeigt mir dich, wie du etwas malst. Du hast dunkle Leggings an und einen langen Pulli. Ich sehe die Farben blau und gelb."

Ich wusste zunächst gar nicht, was sie meint. Als sie zum zweiten Mal anrief, um zu sagen, dass die Pillen per Luftpost unterwegs sind, war es mir inzwischen eingefallen. Ich hatte Besuch zu Kaffee und Kuchen. Rineke und Wendy von unserem Shantychor wollten mich sehen und hatten ihre Hilfe angeboten. Da die Zisterne wieder hässliche Wasser- bzw. Rostflecke hatte, weißte ich ringsum die Flecken weg. Die Fliesen drum herum sind tatsächlich blau und gelb! Und zum Malen ziehe ich immer diese Kleider an, da sie schon Flecken haben.

Dieser Nachtodkontakt hat insofern enorme Beweiskraft, als Isabel das mit dem Malen nicht gewusst hat und auch nicht hätte wissen können, wenn Peter es ihr nicht mitgeteilt hätte.

Ich habe selbst auch Fragen an Peter gestellt. Wie er seinen Nachruf haben will: nicht so ins Detail gehend, Kindheit nur ganz knapp, am liebsten hätte er, wenn ich eine Biografie von der Autohändlerzeit in Frankfurt und Los Angeles schreiben würde, allerdings später. Ich sagte, „da weiß ich doch die ganzen Einzelheiten gar nicht." Isa sagte, „er zeigt mir TV-Sendungen mit Autos. Wenn diese spät abends ausgestrahlt werden und du nicht zu müde bist, sollst du immer Stift und Papier zur Hand haben. Wenn weißer Grieß kommt, sollst du die grauen Buchstaben notieren." Ich sagte, „so etwas hab ich schon mal zusammen mit Peter gesehen. Da hab ich zu Peter gesagt, „oh, das sind bestimmt Geisterbotschaften. Vielleicht will Bolko uns etwas mitteilen." Isa sagte, „da ist noch so ein mediterran aussehender Mann bei Peter, er hat Pfeffer- und Salzhaare." Ich sagte, „das kann Bolko sein. Er war mit Peter im selben Kreißsaal 20 Minuten vor ihm zur Welt gekommen und vor 5 Jahren beim Gassigehen mit dem Hund zusammengebrochen." Nach etwa 15 Minuten Konversation sagte Peter, er müsse jetzt weg, so eine Art Schulung. Dass er dazu wenig Lust hatte, zeigte er mit seiner typischen Handbewegung so über die Schulter nach hinten. Aber da ist nichts zu machen, das würden sie halt verlangen. Ich sagte, „sag mir aber bitte noch, wie das mit der Seebestattung werden soll." Isa sagte, „Peter will, dass du die Urne offen ins Wasser wirfst. Er zeigt mir einen Krebs, da könnten sich dann Meerestiere ansiedeln. Und er will eine lustige Feier. Er zeigt mir ein Bläserquartett in schwarzen Anzügen und zieht die Mundwinkel nach unten. Er will nichts Trauriges. Ich warf ein: „Ja, ja, ich weiß, er liebt die Musik der

Rolling Stones, Beach Boys, Dire Straits und Fleetwood Mac. Da beide Söhne zusammen herkommen wollen und sie die nächsten 8-10 Wochen ausgebucht sind, hab ich gedacht, dass wir es zwischen 9. und 12.6. machen."

Gerade bin ich mit einem nachgewiesenen Nachtodkontakt eines Prominenten beschäftigt. Der englische Schriftsteller und Journalist W.T. Stead wollte an der Rekordfahrt der Titanic teilnehmen, um einen Tatsachenbericht darüber zu schreiben. Doch dazu kam er nicht mehr, da auch er zu den 1517 Opfern jener Unglücksnacht des 14. auf den 15. April 1912 zählte. Seine Tochter Estelle hat die seltene Begabung, durch Abschalten ihres Bewusstseins medial, bzw. automatisch schreiben zu können. Sie erhielt bereits in der auf die Katastrophe folgenden Nacht eine Botschaft ihres Vaters aus dem Jenseits. Im Laufe der folgenden Wochen erreichten sie weitere Berichte. Statt der vorgesehenen Reportage über die erwartete Rekordfahrt berichtete William Thomas Stead über das Leben nach dem physischen Leben. Estelle fügte diese Nachtodkontakte ihres verstorbenen Vaters im Buch *Die blaue Insel* zusammen, sodass der Schriftsteller und Journalist doch noch posthum seine Erlebnisse, wenn auch anders als geplant, veröffentlichte. Auf der Seite 9 dieses Buches wird auch über den weltberühmten Schriftsteller Edgar Wallace berichtet. Er soll kurz vor seinem Tod seinen Freunden versprochen haben, sich aus dem Jenseits bemerkbar zu machen. Er war fest davon überzeugt, dass der Tod nur ein Übergangsstadium zum Weiterleben in einer anderen Welt bedeutet. Tatsächlich soll er kurz nach seinem Übergang sein Versprechen eingelöst und sich bei seinen Freunden gemeldet haben. Leider nannte Estelle Stead keine Quelle, und die lieben Freunde sind natürlich auch schon längst im Jenseits. Selbst im Internet konnte ich über den britischen Schriftsteller, dessen

Kriminalgeschichten in den 1960ern verfilmt wurden und in meiner Jugend Gesprächsthema auf den Schulhöfen war, nichts über Nachtodkontakte finden.

Renée Stellwag, die Tochter meiner Freundin Ursula Keim hatte im Alter von 12 Jahren eine Nachtoderfahrung mit Beweiskraft. Sie wusste gar nicht, dass jemand gestorben war. Sie dachte an irgendeinen Geist. Denn plötzlich flog die Schachtel mit Vogelfutter, die immer auf der gleichen Stelle stand, in hohem Bogen aus dem Regal und fiel rasselnd auf den Boden. Renée schrie. Uschi eilte in ihr Zimmer. „Was ist?" „Es muss was Schlimmes passiert sein, ein Geist muss die Box geworfen haben." Eine Stunde später klingelte das Telefon. Uschi erfuhr, dass ihr Stiefbruder gestorben war. Übrigens, als sie noch etwas jünger als ihre Tochter war, fühlte Uschi tausend Meilen entfernte Erdbeben. *Einmal, als ich bei ihr im Hochbett übernachtet hatte, packte sie morgens plötzlich die Bettleiste, sah mich ganz seltsam an und fragte, hast du das auch gemerkt? Ein paar Stunden später berichtete der Nachrichtensprecher von einem Erdbeben in Mexiko. (Familien Code, S. 17)*

Renées Ehemann ging vor drei Jahren ins Licht. Auch sie hatte mehrere Nachtodkontakte, genau wie ihre Mutter, deren Mann vor zwei Jahren starb. Ich werde beide bald besuchen und ihre Erfahrungen vielleicht in einem Folgebuch veröffentlichen. Wenn auch Sie Ihre Kommunikation mit Ihren Lieben im Jenseits im nächsten Buch veröffentlichen wollen, können Sie es mir, am besten per E-Mail mitteilen:

drmarianneemeyer @ gmail.com

Daniela, eine Schweizer Kommilitonin berichtete ebenfalls über Nachtodkontakte von Verwandten, noch bevor sie von ihrem Tod informiert war. *Wenn jemand aus meiner Familie*

21

stirbt, zerbricht ein Kristallglas in meiner Vitrine, ohne dass wir es berühren. (Ebd.)

Am 27.2. wunderte ich mich, dass die jüngste und letzte noch lebende 90-jährige Schwester meiner Mutter sich noch gar nicht kondolierend gemeldet hat. Allerdings weiß ich ja von meiner Mutter, dass auch sie die Einzige war, die sich bei ihren Schwestern meldete. Sie sagte des Öfteren, „wenn ich nicht ab und zu mal anrufen oder nach Eberbach fahren würde, wüsste ich nicht, dass ich überhaupt Schwestern hätte." Meine Cousine Heide, die Tierkommunikatorin, die meiner Mutter bzw. Doris Day am ähnlichsten sieht, ist auch ebenso kommunikativ, wie die beiden und ich. Heide und Doris melden sich immer mal per Telefon, E-Mails oder Briefen bei mir. Seit Peters Übergang meldet sich auch Cousine Karin öfters über Facebook. Immerhin hatte sie vor zwanzig Jahren, nachdem sich ihr Hans-Hermann nach Tschernobyl-Aufräumarbeiten erschossen hatte, einen noch größeren Schock erlebt und kann mir durch ihr Mitgefühl etwas über die schwerste Zeit helfen.

28.2. 11:10

Ich sitze beim Frühstück, weil ich essen muss. Ich rieche noch nichts, schmecke noch nichts, aber es muss ja was rein. Ich hab das Quiz *Gefragt - Gejagt* laufen, das wir uns morgens manchmal angeschaut haben. Das Telefon erwacht zum Leben. Isa fragt: „Mary, wie geht es dir?" Ich murmele: „Immer so weiter, Isa." Erregt sagt Isa: „Ich muss dir was sagen. Ich sitze gerade am PC und hab plötzlich ein Buchcover vor Augen, es sieht aus wie schwarz-weiß, ist aber mehr bräunlich." Ich werfe ein: „Meinst du, wie auf alten Fotos, sepia?" Isa erwidert: „Ja, genau. In großen hellen Buchstaben steht da SAD NEWS. Darunter Wasserkristall, aber ich sehe es schräg, weiß nicht, wie es weiter geht. Darunter von Dr. Marianne Meyer. Ich maule: „Aber ich benutze doch meinen Doktortitel nicht auf meinen Büchern." Isa ignoriert es: „Ich sehe Peters Gesicht, aber es ist weder gemalt, noch ein Foto. Eher wie so eine Computerzeichnung von der Polizei. Ich sage: „Könnte es ein Wasserkristallfoto von Ernst F. Braun sein? Ich hab ja schon mal eins im Profil, da hatte Peter noch seinen Pferdeschwanz, das hab ich im Buch *Wassercode geknackt* gezeigt. Damals hab ich nur meine Unterschrift auf einem Zettel zu Ernst Braun in die Schweiz geschickt. Er hat neutrales Wasser in einem Fläschchen darauf gestellt, nach einem Tag mit einer Pipette 22 Tropfen in 22 Petrischalen gegeben, 3-4 Stunden tiefgefroren und dann unterm Mikroskop fotografiert. Es waren15 Fotos gelungen. Sie zeigten Marksteine meines Lebens, Vorlieben und Charaktereigenschaften. Das mit Peter im Profil zeigt eine schwere Zeit in unserem Leben. Das Wasserkristallfoto ähnelt dem von Emoto, das von H_2O gewonnen wurde, das mit dem Elvis Song *Heart Break Hotel* beschallt worden war. Ich erkannte Objekte darauf, die mich an eine schwierige Phase im Leben mit Peter in Kalifornien erinnerte. Er hatte in dieser Zeit das Rauchen aufgesteckt und kompensierte den Nikotinentzug mit Alkohol. Der Ausschnitt des *zerbrochenen* Kristalls stellt Peters Schattenbild dar. Damals hätten wir uns fast getrennt."

„Nein", entgegnet Isa, „ich sehe ihn von vorn." „Mit Cap?" „Nein, es ist wie ein Phantombild. Die Schrift auf der Rückseite ist auch weiß. Es ist DIN A 5 und ein fester Umschlag, ca. 3-4 cm dick." „Hardcover?" „Ja, wenn das so heißt. Es sieht nicht so aus, wie deine anderen. Der Typ, den ich mit Peter gesehen hab, ist da. Er zeigt mir dich an einem Tisch mit den Büchern und ganz vielen Leuten, könnte auf der Buchmesse sein. Du schreibst ganz viele persönliche Sachen in die Bücher."

„Wie sieht er aus?" „Leicht gebräunte Haut, ganz glatt noch, sieht gut aus." Ich sagte: „Bolko?" „Ja, er nickt." „Ja, der ist ja auch schon fünf Jahre da. Ich hab mal gelesen, dass wir uns im Jenseits verjüngen. Ich glaub, das war bei Stead, der bekannte Redakteur, der mit der Titanic untergegangen war."

„Du, Mary, er macht das Money Zeichen." „Ja, Bolko und Peter konnten nicht mit Geld umgehen. Bolko hat viel verschenkt bzw. in Uhren, Lederklamotten und in Restaurants ohne Aussicht auf Erfolg gesteckt. Ich denke nur an *Bollos Pollos,* vom Feinsten eingerichtet, aber die meisten Hähnchen hat Bolko wohl selbst vertilgt. Und was Peter so alles verliehen und in schwindelige Firmen investiert hat, auf einen Haufen wäre das eine Luxusvilla mit Pool in Malibu. Bolko ist der, der kurz vor Peter zur Welt kam und mit 70 beim Gassigehen zusammengebrochen war." „Ja, ja, er nickt. Hat er mit Peter irgendetwas mit Geld zu schaffen?"

Vielleicht die Sache mit Ubbe, wo Bolko als Anwalt den Fall verloren hat und mir jetzt noch Bücher gepfändet werden. Ein ehemaliger Freund hat mit meiner eBayadresse ein Auto gekauft, und ich musste es zurücknehmen, obwohl wir in Portugal waren, nie einen Vertrag mit einem Herrn Dressler abgeschlossen und nie das Auto gesehen hatten, es auch bei Dressler blieb, dennoch mir sein Anwalt schon an die 4.000 Euro abgezockt hat. *Zum Zeitpunkt der Transaktion waren wir in Portugal und hatten somit weder einen Vertrag mit irgendeinem Käufer abgeschlossen noch irgendwelches Geld kassiert. Der erste Richter hatte zu meinen Gunsten entschieden, aber die trickreiche Gegenpartei siegte beim Oberlandesgericht. Die Anwälte Lieb & Koll erkannten, dass der Schuldige schon sämtliche Eide geleistet hat, und da absolut nichts zu holen ist. Ich verstehe heute die Juristentochter unserer Freunde. Tina sagte, als sie noch studierte, ich könnte nie Rechtsanwältin werden, allenfalls Staatsanwältin. Und recht hat sie, ich könnte auch keine Person ins Unglück stürzen, von der ich genau wüsste, dass sie unschuldig ist. Mein Trost bei allen weltlichen Ungerechtigkeiten ist die Existenz des höchsten Gerichts: das kosmische Gesetz.* (Familien Code, Seite 6)

Apropos Ungerechtigkeit. In Deutschland, einem der reichsten Länder der Welt, leben Millionen von Bürgern, die große Angst vor der Zukunft haben. Vor allem davor, am Ende ihrer langen Arbeitsjahre in Armut leben zu müssen. Viele können von einem entspannten, glücklichen Lebensabend nur träumen.

Nachbarländer gewähren ihren Ruheständlern eine Rente, die ihnen ein würdevolles, sorgenloses Altern ermöglichen. Warum kann sich das der Exportweltmeister nicht leisten? In vielen Nachbarländern bestehen die Rentenzahlungen aus einer Grundrente und einem einkommensabhängigen Betrag. Das finde ich fair. Wieso können Deutsche das nicht haben?

Affen reagieren trotzig, wenn sie ungerecht behandelt werden. Sie lassen sich auf unfaire Tauschgeschäfte nicht ein.

http://www.stern.de/panorama/wissen/natur/verhaltensforschung-affen-haben-gespuer-fuer-gerechtigkeit-3518394.html

Wenn Europa funktionieren soll, darf es solche Ungerechtigkeiten nicht geben. Das müsste selbst Politikern klar sein.

Künftig werden wir ein globales, an ökonomische Verhältnisse angepasstes bedingungsloses Grundeinkommen brauchen, *auch um dem weltweit desolaten Leben vieler perspektivloser Jugendlicher und ihren zunehmend exzessiveren Gewalttaten entgegenzuwirken. (Spirulina, Überlebensnahrung S. 9)*

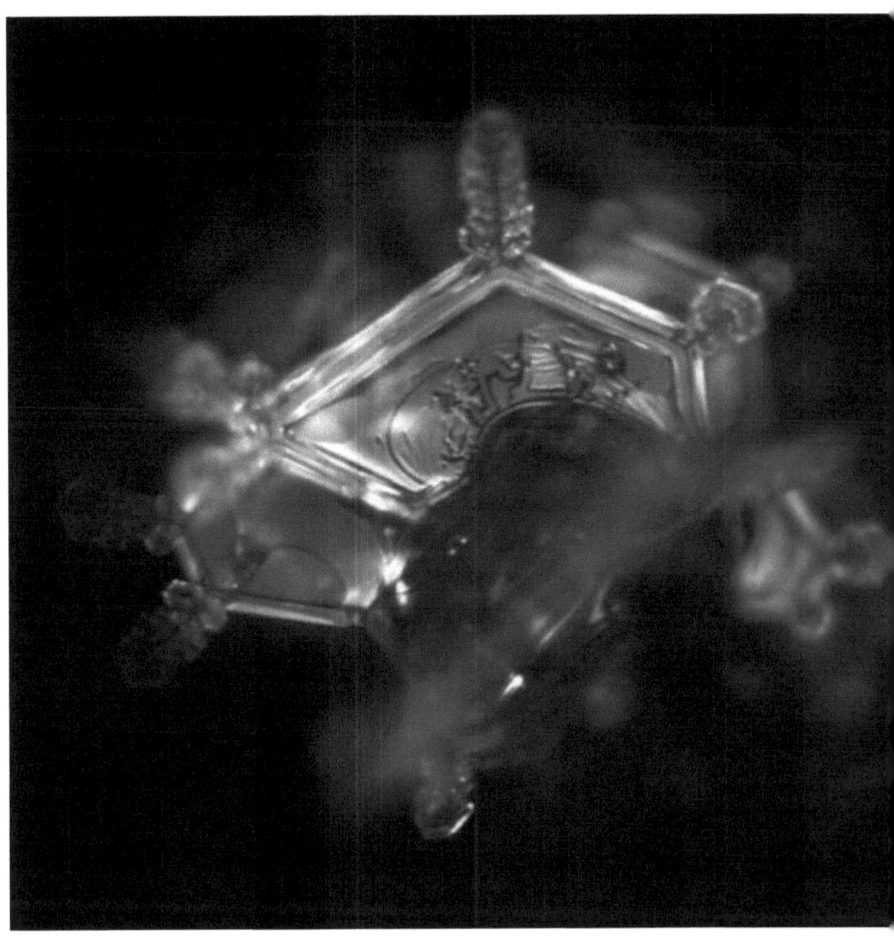

Und wenn Martin Schulz am 24. September die Wahl für die SPD gewinnen will, macht er es am besten, wie seinerzeit Dirk Niebel. Dieser ließ sich im Internet ausgiebig über die Vorteile des bedingungslosen Grundeinkommens aus. Ergebnis: das mit 14,6 Prozent bisher Beste für die FDP bei der Bundestagswahl 2009. Auch Tesla-Chef Elon Musk spricht sich fürs BGE aus.

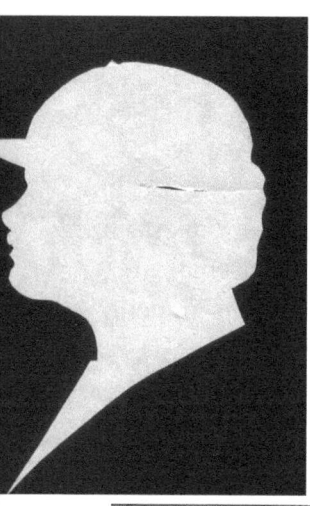

Schade, dass Peter bei diesem *Schattenbild* seinen runden Kahlkopf unter der Baseball-kappe versteckt hat. Das ausgeschnittene Original passt genau in den Abbruchumriss.

Ich finde kein Profilfoto von Peter, das seine linke Seite zeigt. Aber bei dem Hawaii-Foto unten kann man die Einkerbung am Kinn erkennen.

27

Botschaften via physikalischer Phänomene

Liebe Anneliese,

nun weiß ich, wie es ist, die Liebe meines Lebens zu verlieren. Es ist schwerer als ich dachte und das Ganze ist für mich immer noch sehr unwirklich. Es wird noch eine Zeit dauern, bis ich das verarbeitet habe. Peter ist am 11.2. genau eine Woche nach seinem 75. Geburtstag vor unserer Haustür zusammengebrochen. Am 14. wollten wir nach Marokko fahren. Es war schon alles gepackt. Es ist ganz furchtbar, nach fast 44 Jahren den liebsten Menschen nicht mehr in der gewohnten Form erleben zu können. Auch wenn Peters kleine Zeichen mich immer mal wieder aufheitern. Gestern z. B. hörte ich ein ganz zartes Glöckchen. Huch? Weil ich nicht reagierte, nach einigen Sekunden nochmals, ein hauchfeines Bimmeln. Einer Eingebung folgend schaute ich nach, was aktuell im TV lief. *Gott und die Welt* - Thema: Die neuen Rentner, aktives Leben im Alter, die eigene Endlichkeit als Antrieb, was will ich noch erreichen. Ja, das war eine Mut machende Reportage. Wir in unserer Familie müssen offenbar lernen, den Verlust unserer Partner zu verschmerzen. Oder kennst Du jemanden in unserer Verwandtschaft, wo der Partner zuerst starb? Wir müssen unser Schicksal annehmen. Ich komme im Sommer mal nach Deutschland.

Bis dahin alles Gute und hab es schön!

Alles Liebe
Marianne

2.3.

Der Hammer morgens beim Aufwachen schlägt zwar nicht mehr ganz so kräftig zu, aber auch die kleinen Dinge, wie z. B. gerade die Werbung für den Lieferhelden hauen schwer rein. Wenn Peter morgens das Frühstück fertig hatte, rief er tatütata, der Lieferheld ist da oder so ähnlich. Selbst das weiß ich nicht mehr genau. Wie soll ich da ein ganzes Buch über die Autohändlerzeit von Peter schreiben. Da brauche ich aber massiv geistige Hilfe. Ich bin immer noch erkältet, die Bronchien pfeifen, immer noch Durchfall, Entsäuerung, immer noch nichts Klares, was mit Lisbela, der Vermieterin, wird. Wenn sie stirbt, wird der Schwiegersohn vielleicht das Haus verkaufen wollen. Ich hab so wenig Lust zum Umziehen, dass ich selbst ans Kaufen denke, wenn der Preis stimmt.

6.3. ca. 19:30

Im Computer ein plötzliches Paleng. „Peter bist du das?" Wieder dieser zarte Doppelton. Ich sofort auf *TV Jetzt* gegangen, gleich ist mir der Film *Was bleibt* auf Arte ins Auge gesprungen und als erstes Bild: ein schickes Wohnzimmer mit einem *Miller Chair!* „Ach meinst du den? Und auch noch in Schwarz. Der hätte ja super bei uns reingepasst." Wie ich später gelesen habe, ging es im Film auch ums Thema sich betrinken; passt beides. „Tja, Peter, du hast ja auch fast jeden Abend zwei Flaschen Rotwein getrunken. Ob davon die Ader an deiner Schläfe geplatzt ist? Ich weiß noch nichts Genaues. In Portugal dauert alles sehr lange. Vor Kurzem rief ich im Krankenhaus an. Die Obduktionsergebnisse waren noch nicht da." Wieder der Doppelton. Ich weiter nach unten gescrollt und bei DMAX *Goldtimer – Wertanlage mit PS* tatsächlich gleich einen Mustang

29

gesehen, wie Peter ihn in Hermosa Beach hatte. Ich musste bei beiden Sendern keine halbe Minute warten, *Miller Chair und Mustang* waren sofort zu sehen. „Stimmt, du hast ja zu Isa gesagt, dass du außer im TV auch via PC mit mir arbeiten willst. Aber da musst du schon vorher gewusst haben, was wann im TV kommt und auch, dass ich dann gerade am Computer sitze. Da scheinst du ja gleich richtig in die Lehre gegangen zu sein. Vielleicht, weil du von mir schon so viel mit anhören musstest. Auch wenn du es nicht geglaubt hast, warst du nicht ganz so überrascht, wie andere, die sich erst mal gar nicht zurechtfinden. Und Bolko hat dich wohl auch eingewiesen."

„Erst dachte ich, du hast dich heute mal wieder wegen meines Durchhängers gemeldet, weil ich die Sterbekleider ausgeräumt und einige Schuhe in den Camper getragen habe, um mir Platz im Umkleideraum zum Schlafen zu machen, weil ich das Schlafzimmer für Ines räume. Kann es sein, dass du das mit meinem Stimmungstief auch schon vorhergesehen hast? Jedenfalls danke ich dir!"

7.3.
Zum ersten Mal habe ich beim Aufwachen mal wieder ein Fünkchen von Glück gespürt. Wenn ich alle paar Tage von Peter so eine Nachricht bekomme, werde ich das Ganze vielleicht doch einigermaßen gesund durchstehen. Gestern ist mir, als ich die aus Versehen vom Baum abgerissene Riesenzitrone in die Obstschale gelegt hatte, eingefallen, dass ich das schon mal geträumt hatte. Also muss ich die Umstände schnell wieder verdrängt haben. Als ich von Maritas und Theos Unfällen träumte, hatte ich es ganz klar gesehen und es einigen Leuten gesagt. Hab immer noch keinen Geruchs- und Geschmackssinn.

Erleichterung durch Trost spendende Anteilnahme

Über den Brief der Bremerin vom Chor habe ich mich besonders gefreut, da ich wieder so richtig Rotz und Wasser heulen konnte. Ich muss schon ziemlich entgiftet sein und werde doch lieber Barbara Simonsohns Angebot für das Reikiseminar Freebie annehmen statt des Entsäuerungsseminars. Mit den vielen Tränen hab ich ja schon reichlich entsäuert, denn emotionale Tränen enthalten ja jede Menge Gift.

Hallo Marianne,
wie geht es dir? Sicherlich hast du die Dinge, die so spontan zu regeln waren, nun geregelt. Ich hoffe, die Beerdigung ist gut und würdevoll gelaufen. Nun kommt langsam die Routine des Alltags, die Lücke ist da, und dir wird langsam bewusst, wie sehr Peter fehlt. Hoffentlich hast du Unterstützung und treue Begleitung, jemanden, zu dem du gehen kannst, einfach auch nur so, ohne reden zu müssen. Sicher denkst du noch manchmal, er kommt gleich. Es dauert lange, bis man sich wirklich bewusst ist, dass es ein endgültiges Gehen ist. Dann kommt der lange Prozess des Abschieds und des neuen Aufbaus des eigenen Lebens. Durchleben musst du alle Phasen. Viel weinen und innerlich Abschied nehmen. Das kannst du nur alleine. Ich wünsche dir ganz viel Kraft.

Liebe Grüße von hier, Gabi

Liebe Gabi,

vielen Dank für Deine lieben Zeilen. In ein paar Stunden sind es 4 Wochen. Die Seebestattung wird noch etwas dauern. Da beide Söhne zusammen kommen wollen und sie als Manager von Großfirmen die nächsten acht bis zehn Wochen ausgebucht sind, hab ich gedacht, dass wir es im ersten Drittel des Junis machen. In den letzten drei Tagen hab ich meine wohlhabende Ersatztochter aus Kalifornien (2000charge) hier gehabt. Sie hat mich ganz schön verwöhnt beim Shoppen, Smartphone, Großeinkauf, auch für die Tiere. Und das Geld fürs Kastrieren unseres neuen Familienmitglieds Tobi hat sie auch noch dagelassen.

Meine Vermieterin Lisbela lebt jetzt nicht mehr 400 m von mir entfernt, sondern im 6-7 km entfernten Tavira. Den Hund, den sie jahrelang an der dicken Eisenkette hielt, haben sie einfach so losgelassen. Er trabte natürlich in meine Richtung, denn immer wenn ich kam, brachte ich etwas mit und versprach ihm, wenn Lisbela mal nicht mehr ist, ihn zu nehmen. Er ist etwa fünf Jahre alt und will Mia immer besteigen. Deshalb hab ich für Freitag einen Termin beim Veterinär. Ich wundere mich, dass er nach all den Jahren an der Kette so normal ist. Peter meldet sich hin und wieder mal. Das hilft natürlich. Als ich Besuch hatte, meldete er sich gar nicht. Es ist zwar alles sehr traurig, aber manchmal auch spannend.

Alles Liebe, Marianne

11.3.
Vier Wochen und noch immer ist mein Geruchs- und Geschmacksinn nicht zurückgekehrt. Allerdings hab ich einen ganz leichten Fresienduft wahrgenommen, als ich die Nase direkt in die Blüten gesteckt hatte. Im letzten Jahr konnte ich die Blumen schon von der Haustür aus riechen.

12.3.
Um 8:30 (deutsche Zeit 9:30) schalte ich das Notebook ein. Leider habe ich dann nicht mehr auf die Uhr geschaut, vielleicht

15-20 Minuten später wieder dieses kurze Doppelklingeln. Ich sofort wieder auf *TV Jetzt* und da fällt mir *The Voice Kids* und *Greg's Tagebuch* ins Auge. Ich erst mal bei FB geschaut, ob Greg nach so vielen Jahren mal wieder etwas gepostet hat. Wir wissen ja nicht, was mit unserem einstigen Engelchen-Bengelchen-Ersatzsohn los ist. Aber das war es nicht. Ich scrolle runter und denke, dass er wohl den Hundeflüsterer meint, weil ich ja jetzt mal wieder mit dem Training von Tobi anfangen muss. Als ich zu *Voice Kids* zappte, kam gerade das beste *Battle*, das ich je gesehen habe. *Mamamia **Nothing really matters**.* Das war wohl Peters Botschaft, dass nichts wirklich wichtig ist.

Meiner bayrischen Freundin Hedi, eine der treusten Seelen, wenn es um Kontakte geht, schrieb ich am 12.3.:

Liebe Hedi,

das Allerschlimmste hab ich wohl hinter mir, obwohl mein Geruchssinn immer noch nicht zurückgekehrt ist. Der Geschmack ist seit gestern etwas besser. Die Märkte und Restaurants, wo wir immer zusammen kamen, davor graute mir etwas, aber es war heute ganz schön. Ich hab neben Karl gesessen und ihn gebeten, wenn er der Nächste sein sollte, dass er sich anstrengt, damit er Loni auch so helfen kann, wie Peter mir: „Geh zu Loni, schau, was sie gerade Besonderes macht und zeig es mir dann, damit ich es ihr sagen kann." Karl sagte: „Moanst du dös kriag i hi?" Ich antwortete: "Peter hat es doch auch gekonnt."

Ich hab nichts gesagt, aber Karl sah heute blendend fidel aus. Er hat ja am 16. Geburtstag, hat mich und Sigrid, die auch allein ist und die jetzt mit mir Dinge unternimmt, eingeladen. Hab nichts gesagt, weil ich ihnen als sie mich in der ersten Woche besucht hatten, sagte, dass ich das mit Peter jetzt zum 4.

Mal erlebt habe, dass Leute kurz vor ihrem Übergang so gut aussehen. Ich hoffe, dass es heute am Biorhythmushoch lag und uns Karl noch lange erhalten bleibt. Wenn schon Peter den Champagner nicht mehr trinken kann.

Liebe Grüße, auch an Rudi
Marianne

Hierbei geht es um eine weitere Wette. Einmal hatte Hedis Mann Rudi schon eine Flasche Champagner verloren, weil er gewettet hat, dass das Silber auf 50 Euro geht. Dieses Mal hatte er gewettet, dass die Commerzbank in zwei Jahren pleite ist. An Weihnachten 2017 sind die zwei Jahre um und dann wird wohl wieder der Champagner fließen.

Über einen Monat lang hatte ich mich gewundert, warum Jerry sich nicht auf meine E-Mail meldete. Dann erhielt ich eine von seiner Tochter Linda: *Es tut mir schrecklich leid für deinen Verlust. Ich kannte Peter von Reisen, die wir alle zusammen unternommen haben und ich dachte oft, dass er sehr glücklich war, dich zu finden - seine Seelenverwandte.*

Als mein Vater am 7. März verstarb, veränderte sich meine Welt für immer. Ich habe noch nie solche Traurigkeit erlebt und ich bin sicher, du auch nicht. Vielleicht können wir uns gegenseitig trösten, indem wir jetzt denken, dass mein Vater und Peter im Jenseits zusammen sind. Beide erzählen einander lustige Geschichten.

In einer weiteren E-Mail teilte Linda mir etwas über ihre Hündin Penny mit. Diese liebte Jerry sehr, und zwar nicht nur, weil er ihr jede Woche Leckerlis mitbrachte. Vier Stunden bevor er verstarb, lag sie in Jerrys Lieblingssessel in den letzten Zügen.

34

Rückschläge und das normale Chaos der Trauer

Am 13.3. um 16:30 dachte ich, von wegen, dass das Schlimmste vorbei ist. Beim Gießen von Peters gepflanzten Bäumchen wurde mir gerade diese Endlichkeit so richtig bewusst und die Bäche flossen mir wieder aus den Augen. Fast so schlimm wie vor ca. 10 Tagen, als Renate kam und ich das ausgefüllte Formular für den Antrag der Dreimonatsrente nicht mehr fand, weil ich sie in einem Ordner vergessen hatte.

15.3.

Das Singen gestern mit den Senioren und Kindern war sehr emotional, vor allem, weil so viele Sangeskameraden und -innen mich gedrückt und abgeküsst haben. Ich tue ihnen so leid. Und wieder konnte ich, wie schon bei der Probe, die letzte Strophe von *The Rose of Tralee* nicht mitsingen. Weil es wieder so ein schwieriger Tag mit vielen Tränen war, habe ich am Abend mal wieder ½ von Isas Pillen genommen.

Gerade war ich am Posten meines Borrelioseartikels, in dem Mama eine wichtige Rolle spielt. Plötzlich wieder ein Doppelklingeln, aber heller und etwas lauter. Huh? Ich gleich wieder, es war Punkt 9:00 Uhr, *TV Jetzt* eingestellt und was strahlt mir da als Erstes im 1. Programm entgegen? *STURM DER LIEBE*, die Seifenoper, die meine Mutter immer schaute, als mein Vater sich in die geistige Welt verabschiedet hatte. Da leihe ich mir halt auch mal ein Leben aus, solange mir das eigene lebensunwert erscheint. Mama kann also auch klingeln. Und ihrem glockenhellen Sopran entsprechend, in höherem Ton. Dann schau ich mir diese Telenovela an, wenn ich Übersetzungsarbeiten mache oder Korrekturlese. Da muss ich ja kaum denken und lasse oft den Fernseher laufen. Ich bin es von Kindheit an

35

gewohnt, mehrere Dinge gleichzeitig zu machen. Hausaufgaben machte ich immer bei Radiomusik im Wohnzimmer am hochgekurbelten Tisch, während meine Mutter in der Küche kochte und sich mit der Nachbarin unterhielt. Da hörte ich natürlich auch zu.

17.3.

Ich hatte eine ruhige Nacht mit Tobi im Schlafzimmer verbracht. Da er bis 11.00 Uhr nüchtern bleiben musste, war diese Maßnahme notwendig. Ich musste ihn ins Auto heben und zog mir Rückenschmerzen zu. Das Aussteigen war problemlos. Nur auf dem Weg zum Tierarzt lief er mir direkt zwischen die Beine und ich fiel hin. Murphy lässt grüßen. Ein anderes Herrchen, das auch einen Kettenhund übernommen hat, hielt mir die Tür auf. Ich musste Tobi ordentlich ziehen. Danach ging ich zur Post, um die Briefe an zwei Geburtstagskinder aufzugeben. Um noch einen Sack Erde zu holen, fuhr ich zum Plaza Einkaufszentrum, da ich je einen Brombeer- und Johannisbeerstrauch erstanden hatte. Als ich den Sack balancierte und nicht auf die Füße schauen konnte, stürzte ich über die Schiene eines Gabelstaplers. Die Frau an der Kasse rannte herbei, „are you hurt?" Ich sagte: „Yes, but not from falling." Später kam ich noch mal. Sie fragte, „are you okay?" „So okay, wie man ist, wenn einem nach fast 44 Jahren der Ehemann stirbt." Sie verließ ihren Platz, kam herum zu mir und umarmte mich mit tröstenden Worten. Dabei fiel mir wieder ein, dass, als mich eine Bekannte fragte, ob ich jetzt wieder nach Deutschland gehe, eine andere sagte, was soll sie denn da? Tja, ich glaube kaum, dass man da von Wildfremden umarmt und getröstet wird. Aber wer weiß, vielleicht gibt es das in Deutschland mittlerweile auch?

19.3.

In Vila Novo de Casela auf dem Markt habe ich von der Frau, bei der ich die Korktasche zusammen mit Peter erstand, noch zwei gekauft. Das sind immer schöne Geschenke. In dem Restaurant, wo wir meist essen, sprachen wir wieder von Peter. Karl meinte, er hätte in letzter Zeit öfter beim Laufen stehen bleiben müssen. Jedenfalls meinte er, dass wir gern alle so sterben würden und Peter hätte das in jedem Fall auch genauso gewollt. Heute fiel mir das Gespräch leichter. Wir haben ja doch alle Angst, lange leiden zu müssen und besonders vorm Heim.

Renate kam mit Anna und den Kindern. Sie wollten Tobi mal kennenlernen. Der zeigte sich genauso kinderlieb, wie ich es erwartet habe. Er ließ sich ausgiebig streicheln und es sah aus, als ob er Joshua davon abhalten wollte, wegzurennen.

Beim Unkrautzupfen habe ich immer das von Peter im Internet bestellte Täschchen mit Handy und mobilem Telefon umhängen. Als Mia und Tobi so süß nebeneinander auf der Straße standen, wollte ich ein Foto machen. Ich gab den Code ein und schwuppdiwupp war sofort das Smartphone zum Schießen parat. Erst dachte ich, kann er jetzt auch schon bei mir am Handy herumfummeln? Sonst wird doch immer erst das Menü angezeigt. Es wäre ja auch Zeit gewesen, seit dem 12.3. ist Sendepause. Aber dann fiel mir ein, dass Renate gestern ein Foto gemacht hat. Ich sehe jetzt schon hinter jeder etwas aus der Reihe tanzenden Begebenheit eine Nachricht von Peter. Aber, da er immer nur das Handy handhabte, ist es für mich noch neu.

21.3.

Wir hatten nach der verkürzten Chorprobe wieder unser jährliches Event im Cafe Ze, bei dem das Repertoire, die Auftritte,

Finanzen etc. besprochen wurden. Um 19:00 Uhr trat die eingeladene portugiesische Musikgruppe *Veredas da memoria* auf. Danach sangen wir Rose of Tralee und Canção do mar.

Wenn wir uns öffnen, erfahren wir mehr

Mein Highlight fand erst statt, nach der langen Umarmung von Betty. Ich sagte, „wir hatten ja ein schönes Leben und bereisten alle Kontinente." Sie sagte, „ja du kannst doch dankbar sein, dass du so einen schönen Mann gehabt hast." Ich habe die Holländerin nicht gefragt, wie sie das genau meint, aber genossen habe ich es in jedem Fall. Nachdem ich ihr die postmortalen Erlebnisse mit Peter mitteilte, berichtete sie mir von ihrem Bruder, der im Krankenhaus lag. Sie kam von weit her, um ihn zu besuchen. Es war schon am Abend. Der Arzt sagte, dass er jetzt schlafe, sie solle in der Früh kommen. Betty macht sich Vorwürfe, dass sie nicht auf den sofortigen Besuch bestanden hatte, denn der Bruder starb in dieser Nacht. Sie saß am nächsten Morgen lange bei ihm, hielt ihm die Hand und sprach mit ihm. Ihre Schwägerin meinte, dass es Zeitverschwendung sei und das doch nichts mehr bringe. Sie glaubte nicht an das Weiterleben der Seele. Zwei oder drei Jahre später hatte sie ihre Meinung revidiert, denn ihr Mann hatte sich ihr deutlich gezeigt.

Ich weiß nicht, was es ist, dass ich bei längeren Aufenthalten im *Café Ze* stets Schmerzen am rechten Auge bekomme. Ob es die Neonbeleuchtung ist oder die laute Musik? Jedenfalls ging ich mit Wendy und Trixie, denen es auch zu lange wurde, nach draußen und war um 8:30 Uhr wieder zu Hause.

22.3.
Wenn ich mit den Hunden die Wege gehe, die ich mit Peter gegangen bin, laufen mir meist die Tränen über die Wangen.

28.2.

Um ca. 6:30 Uhr war ich gerade beim Yoga und musste pieseln. Ich auf und plötzlich war mir ganz merkwürdig im Kopf, dachte … jetzt ich auch und rufe, „Peter holst du mich?" Dabei fiel mir auf, dass ich keinerlei Panik hatte. Ein weiterer Vorteil, wenn der Partner geht, abgesehen von den verlorenen Kilos, keine Angst mehr vorm Sterben zu haben.

24.3.

Letzte Nacht träumte ich von Peter. Wir waren in einem großen Haus und lagen zusammen nackt in einem Bett, entschieden uns dann aber für ein anderes Schlafzimmer und kuschelten uns gerade aneinander, als ich aufwachte.

27.3.

Letzte Nacht träumte ich, dass ich mit einem fremden Mann in einem Lokal war, um zu tanzen. Danach war ich mit Peter in einem großen offenen Amischlitten im Urlaub. Das Ende des Traumes: Peter fuhr ganz schnell rückwärts auf eine Tankstelle. Ich sagte in Englisch zu einer Frau, dass ich mich jetzt nach dieser einen Woche gerade so schön eingelebt hatte, gerade wo es so schön ist, müssen wir weg. Unsere letzte gemeinsame Woche war auch besonders schön.

Heute ging es mir den ganzen Tag ziemlich gut. Ich habe Holz gesammelt, eine wunderschöne wilde Lavendelpflanze für Jochens Geburtstag ausgegraben. Werde auch eine neben die Rosen setzen, um die Blattläuse abzuhalten. Ich kann es kaum glauben, dass schon wieder ein Jahr vorbei ist. Es kommt mir wie vor wenigen Monaten vor, als ich mit Peter und den zwei Kästen Bier zu Jochen gegangen bin.

Bis 18 Uhr hatte ich kein einziges Mal geweint. Aber irgendeine Musik oder war es ein bestimmter Satz, ich hatte *Gefragt-Gejagt* geschaut und plötzlich ging es wieder los. Ich dachte kurz zuvor, dass ich doch immer so eine kleine Farm wollte und eigentlich bis auf Peter alles habe, was ich mir wünsche: eine Arbeit, die ich liebe, Tiere, die ich liebe, den Chor, Freunde, ich kann jetzt alles machen und im TV anschauen, was *ich* will. Peter hatte in letzter Zeit zweimal gefragt hat, was ich denn mache, wenn er mal nicht mehr da sei. Ich sagte, „dasselbe, was ich jetzt mache, nur ohne dich. Aber lass dir bitte noch Zeit." Er sagte, „ach, du wirst schon schnell wieder einen anderen finden." „Nee, danke. Kein Bedarf an alten Männern. Du bist für mich nicht alt, weil ich mit dir alt geworden bin. Aber ich kann mir nicht vorstellen, jetzt mit einem neuen alten Mann etwas anzufangen. Vielleicht gehe ich ja auch vor dir." Peter sagte, „wohl kaum." Ich sagte, „aber bleib mir noch ein paar Jährchen." Peter sagte: „Tja, aber irgendwann wird mir diese Ader da an der Schläfe platzen." Ich sagte: „Lass doch mal danach sehen. Vielleicht kann man sie dehnen." Peter gab zurück: „Ich will doch eh nicht so alt werden."

28.3.

Habe zwischen 14:30 und 15:30 zwei Stück Obstkuchen mit Sahne und einen Cappuccino auf Jochens Geburtstagsfeier genossen. Um 19:30 Uhr habe ich dann mit Käse überbackene Aubergine und Zwiebeln gegessen und einen Nussjoghurt vom Minipreso, da ich vorm Chor nicht mehr die Zeit hatte, Biojoghurts zu besorgen. Um 20:30 hatte ich schon wieder Pulsrasen und Extrasystolen. Oder war es der Stress im Chor? Wir sangen nämlich als letztes Lied *Sloop John B.* ausgerechnet, wo Trui wieder da war! Das war Tons Lieblingssong, den einige Chormitglieder an seinem Sterbebett sangen. Ton starb letzten Dezember. Als Trui zur Toilette ging, wusste ich gleich, dass sie sich dort ausweinte. Da die Beach-Boys auch eine von Peters Lieblingsbands war, rollten auch bei mir wieder die Tränen. Sie ist schon ganz schön schwer, diese Trauerarbeit.

Noch mehr physikalische Phänomene?

Gestern, am 30.3. war ich wieder besonders traurig, da Peter sich schon lange nicht mehr gemeldet hat. Gegen 17:30 Uhr rief Uschi auf dem Festnetztelefon an. Ich fragte, „kannst du dich noch daran erinnern, wie sich Werner bemerkbar machte? Ich weiß nur noch, dass er von oben kam und er dich im Schlaf erschreckte." Uschi sagte: „Ja, erst dachte ich, er wollte mir was Böses, aber später wurde mir klar, dass er mich an meine Refluxprobleme erinnern wollte. Ich soll ja wegen des Säurerückflusses nicht auf dem Rücken, sondern auf der linken Seite schlafen, und weil er dann so von oben auf mich zukam, merkte ich, dass ich auf dem Rücken lag. Mir ist übrigens noch etwas eingefallen. Ich hatte meine Bernsteinkette abends abgenommen und auf den Tisch gelegt" … Uschi war weg. Als sie erneut angewählt hatte, sagte sie, „was war das denn?" „Keine Ahnung. Also, was war mit der Kette? Uschi sagte: „Morgens lag sie in Herzform auf dem Tisch. „Wow!" „Dann noch etwas, an der Tür hab ich eine unechte Orchidee in einem schweren Keramikübertopf. Ich war mit Renée schon im hinteren Teil des Zimmers, als der Topf genau in die Mitte geflogen kam" … Das Telefon war wieder tot, und erwachte gleich danach zum Leben. Ich fragte: „Was war denn jetzt schon wieder?" „Weiß nicht. Was hast du denn noch mitgekriegt?" „Dass der Topf mitten im Zimmer gelandet ist." „Ja, und als ich ihn wieder an seinen Platz tragen wollte, fand ich direkt darunter ein frisches Rosenblatt!" Man, das ist noch nie passiert. Schon wieder weg. Als Uschi wieder anrief, sagte ich, „vielleicht will Peter, dass du mich mal auf WhatsApp anrufst."

Nach zwei weiteren Versuchen auf dem Festnetz, klingelte Uschi via WhatsApp auf Peters Handy. Ich wusste gar nicht, wie mir geschah. Denn das einzige Mal, dass ich da einen Anruf entgegengenommen hatte, war kurz nach Peters Übergang, als das Teil plötzlich hell wurde, ich Ulis Namen sah und zum blauen Pfeil hinstrich. Doch dieses Mal war das gar nicht so. Ich musste erst den Code eingeben. Und dann war Uschi schon weg. Aber plötzlich war sie doch dran, und das Gespräch war okay. Offenbar wollte Peter mir zeigen, dass er mir schon damals durch seine Manipulation ermöglichte, den Anruf von Uli ohne Codeeingabe entgegenzunehmen. Geister bestehen ja aus Energie und können deshalb wohl leicht mit elektrischen Geräten interagieren und sie mit ihren höheren Frequenzen beeinflussen. Das hab ich bei Jürgensons *Sprechfunk mit Verstorbenen* bereits erfahren dürfen (1996). Bin mal gespannt, ob Peter mich auch mal selbst anruft. Es soll nämlich auch Anrufe aus dem Jenseits geben.

31.3.
Es geht mir heute aufgrund des gestrigen Erlebnisses wieder besser. Das mit dem Blumentopf war übrigens erst vor einem knappen halben Jahr gewesen. Ich hatte Uschi noch gefragt, ob es ihr denn recht sei, dass Werner sich hin und wieder meldet, was sie bejahte. Man bekommt doch immer wieder geraten, die Seelen loszulassen. Aber da bin ich momentan auch viel zu egoistisch und denke, die werden mit ihrem weit besseren Durchblick schon selbst wissen, was sie machen.

22:30

Gerade habe ich von einer Talkshow zu *Let's Dance* gezappt und mich geärgert, dass ich den besten Tanz von Gil Ofarim verpasst habe. Habe dann einen Kanal höher geschaltet und sehe die Rennstrecke von Willow Springs, wo auch Peter mehrere Rennen mit seinem gelben MGB gefahren war. Na immerhin etwas, vielleicht kommt Peter dann eher.

Ich rufe „Peter, Willow Springs Raceway. Der Titel *Born 2 Race* erinnert mich an unser rotes Cadillac Cabrio mit der Nummer HI42DAY, wo ihr an der mexikanischen Grenze wegen dieses Nummernschilds fast erschossen worden seid. Ich weiß gar nicht mehr, mit wem du da unterwegs warst, wohl mit Dauergast Bode und Mietnomade Borgmann. Aber bei den ganzen Einzelheiten hapert es. Vielleicht kannst du ja, wie der auch jenseitige Billy Finger mir das alles durchgeben. Der Film ist eh gleich zu Ende, da kann ich das Buch von Annie Kagan weiterlesen. Ach, jetzt kommt noch Race 4 Glory. Da warte ich mal lieber bis zur Geisterstunde, sind ja nur noch 33 Minuten. Komisch, eben bin ich wieder kurz vorm Einnicken und da spüre ich jedes Mal ganz deutlich deine Anwesenheit, wohl, weil die Seele ja beim Schlafen auch den Körper verlässt, also frei ist. Noch 12 Minuten. Kein Grieß, keine Botschaft. Aber ohne deine Mithilfe werde ich das mit dem Buch über die Autohändlerzeit nicht schaffen. Wenn ich nur an die Anfänge in Hermosa Beach denke. Da fällt mir noch nicht mal das Modell des elfenbeinfarbenen Mercedes ein, nur, dass es eine Selbstmördertür hatte. Und die hattest du ja gleich mal ausprobiert und das schöne Teil gegen einen Pfosten gesetzt. Immerhin erinnere ich mich an den An- und Verkauf dieses Autos, weil der jüdische Besitzer aus San Diego nicht glaubte, dass du kein

43

Jude bist und er dir einen ganzen Kasten Minihörgeräte schenken wollte, und du abgelehnt hattest. Na, dann hat er wohl eingesehen, dass du kein Jude bist. Ich hätte sie jedenfalls genommen. Hat mein Vater mir doch Wilhelm Buschs Gedicht ins Poesiealbum geschrieben:

Will das Glück nach seinem Sinn
Dir was Gutes schenken,
Sage Dank und nimm es hin
Ohne viel Bedenken.

Jede Gabe sei begrüßt,
Doch vor allen Dingen:
Das, worum du dich bemühst,
Möge dir gelingen.

Zum Glück haben wir ja trotz des kleinen Malheurs einen netten Kunden, den Zahnarzt aus Aurich gefunden, der uns sogar noch etwas verdienen ließ und uns noch einige Autos abnahm, aber ich weiß weder welche noch wie viele.

Na ja, an die Ersteigerung des roten 300 SL erinnere ich mich natürlich auch noch. Da hab ich ja mit meinem berühmten Tritt in die Luft eine gewisse Aufmerksamkeit erregt. Aber wer weiß, ob du das gute Stück so günstig bekommen hättest, wenn ich nicht den Unterboden inspiziert und so geschimpft hätte. Da wurde sicherlich der eine oder andere Mitbieter unsicher.

Klar, ich hatte den Wert unterschätzt und Angst gehabt, du verkaufst dich. Und dann hast du gut verdient und dennoch das Schmuckstück noch viel zu billig abgegeben, weil du nicht wusstest, dass es einen Aluminiummotor hatte. Karl-Heinz Zepfel hat es geahnt und es an der Chassisnummer festgestellt und hat sich nach dem Kauf die Hände gerieben. Er kann sich ja jetzt bei dir revanchieren. Hat ja wohl schon so um die zehn Jahre Jenseits hinter sich. Vielleicht hat er schon einiges gelernt und wird es dir näherbringen."

Wo ich jetzt die ganzen Bücher über das Jenseits lese, bin ich schon richtig neidisch. Womöglich ist das der Grund, warum doch viele langjährig verbundene Hinterbliebene ihren Lebensgefährten folgen. Vielleicht lesen sie auch die Trauer unterstützende Bücher und sehnen sich so sehr nach ihren Lieben und den paradiesischen Verhältnissen. Und, da wie ich aus den Nachtoderfahrungen meiner Verwandten weiß, dass auch Suizidenten nicht, wie manche glauben, in der Hölle schmoren, hatte ich auch schon mal mit diesem Gedanken geliebäugelt. Doch das würde ich nicht wagen, höchstens bei unerträglichen Schmerzen. Auch denke ich, dass ich meine Aufgabe hier noch nicht ganz erfüllt habe.

1.4.

Ich habe von Peter geträumt. Wir waren irgendwo mit dem Auto im Urlaub, Rennurlaub? Eine junge Frau bestellt etwas und fragt Peter, es zu bezahlen. Er zeigt seinen Arm, an dem er eine ganz billige Uhr trägt. Er bezahlt aber doch. Im übertragenen Sinne, er hat kaum noch etwas und verleiht sein letztes Hemd. Ich träume von ausgepackten Kleidern, am besten gefällt mir ein hellblauer Pullover. *Ein Kleidungsstück dient in der Traumdeutung der Verhüllung und der Abwehr äußerer Einflüsse. Mit einem Pullover bedeckt man in erster Linie den Oberkörper, gleichzeitig hüllt man auch das Herz ein. Das Traumsymbol „Pullover" kann in diesem Zusammenhang ausdrücken, dass der Träumende sich vor emotionalen Verletzungen schützen möchte.*

http://traum-deutung.de/pullover/

45

Die Farbe Blau ist sehr facettenreich und wird daher von den meisten Menschen mit vielen … Dingen assoziiert: Auf der einen Seite wird mit Blau ein lebenswichtiges Element verbunden, das Wasser. Viele Menschen denken bei dieser Farbe aber auch an die unendliche Weite des blauen Himmels.

http://traum-deutung.de/?s=blau

Traumsymbol „Uhr" - Die allgemeine Deutung: Wie viele Traumsymbole verkörpert auch die Uhr in der Traumdeutung mehr als nur ihre offensichtliche Funktion als Zeitmesser. Sie weist auf unsere Lebenszeit hin. Nutze ich meine Zeit, wie ich es möchte oder brauche? Sollte ich mir für etwas in meinem Leben mehr Zeit nehmen? Geht etwas zu Ende? Dies sind Fragen, die sich der Träumende stellen kann, um der Bedeutung seines Traums auf die Spur zu kommen.

http://traum-deutung.de/uhr

Ich weiß zwar nicht, ob es damit etwas zu tun hat. Aber früher trug Peter teure *Rolex*-Uhren. Von meinem ersten Honorar für meinen Bestseller *Spirulina, das blaugrüne Wunder* zahlte ich mein BAFöG zurück und kaufte Peter eine schöne *Tag Heuer* Uhr. Aber Peter hatte schon lange gar keine Uhr mehr getragen. Solche Sachen waren uns in letzter Zeit überhaupt nicht mehr wichtig.

2.4.

Ich hab schon wieder von Peter geträumt. Wir waren mit dem Camper unterwegs, Frankreich? Ich bin in irgendeine Art Wall mit Fangstrippen und Wasserläufen getreten. Obwohl er nicht tief war, hat es eine Weile gedauert, bis ich sämtliche Hürden überwunden, einige Verankerungen und Befestigungen mitgerissen hatte, aber wieder frei war. Nur hab ich dann wieder Peter gesucht und bin dabei aufgewacht.

9.4.

Heute habe ich gemerkt, dass ich doch nicht alles aufschreibe. Denn letzte Woche habe ich meinen Eierlöffel gesucht. Ich bin da sehr pedantisch und passe auf das Ding auf wie auf meinen Augapfel. Manchmal hat Peter mich geneckt und ihn auf seinen Teller gelegt. Es kam sogar vor, dass ich es erst spät merkte und ich ihm mitten beim Essen des Eies den Löffel abnahm. Wir lachten dann herzlich bei dem Versuch. Deshalb hat Peter mir wohl auch diesen Streich gespielt. Es ist schön, dass er in der anderen Welt seinen Humor behalten hat. Der Löffel, war, als ich das Geschirr erst einen halben Tag nach dem Spülen wegräumte, weg, einfach weg. Obwohl ich genau wusste, dass er in der Spüle hätte sein müssen, suchte ich ihn an allen möglichen Stellen. Und nahm für das nächste Frühstücksei einen anderen Löffel, resigniert, dass das nun mein Lieblingslöffel werden muss. Als ich wieder spülen wollte, lag mein vermisster Löffel mutterseelenallein in der Spüle!

„Hast ihn wohl selbst mal wieder benutzen wollen. Und jetzt um 23:00 Uhr hast du dir wohl auch einen Scherz erlaubt, um mich aufzuheitern: Beim Arbeiten am Cranberrybuch gab ich bei Google Übersetzer ein: *In the end, all that remains to be desired is to wish you all the best on your way to the light, to inner freedom, to serenity, and to radiant health! Thank you for your trust!*

Statt der deutschen Übersetzung kam das heraus:

In the end, all that's going to be, you're all right, you're right, you're right, you're right. Thank you for your trust!

47

„Ja, Peter, ich hoffe du hast recht, dass ich mich am Ende wieder fangen werde. Du hast immer gezweifelt an einem Leben nach dem leiblichen Tod. Ich hab immer wieder gesagt, du wirst es schon noch erleben. Ich freue mich ja auch, dass es nun wirklich so ist, dass ich also recht hatte."

So jetzt mache ich es noch mal mit einem neuen Fenster: Ja, da kommt es richtig:

Am Ende ist alles, was noch zu wünschen übrig ist, Ihnen alles Gute auf Ihrem Weg zum Licht, zur inneren Freiheit, zur Gelassenheit und zu strahlender Gesundheit zu wünschen! Danke für Ihr Vertrauen!

„Na, Peter, wenn du so weiter machst, haben wir das Buch bald voll. Ich verstehe die Botschaft. Jetzt weißt du es. Du hast immer bezweifelt, dass wir weiterleben, genau wie mein Vater. Und wer weiß, ob du mir damals überhaupt geglaubt hast, als ich dir jeden Morgen mitteilte, was mir mein Vater direkt nach seinem Übergang übermittelt hatte."

Ich pflegte zu sagen, du wirst es auch noch erfahren. Gib mir dann aber bitte ein Zeichen. Und welch wunderbares Zeichen seiner Existenz er mir gegeben hatte! Er plante seine ganze Trauerfeier mit Chorälen und Bibelzitaten, in dem er sie in mir klingen ließ. "Ich bete an die Macht der Liebe" und "Siehe ich bin bei euch alle Tage ..." Jeden Morgen wachte ich mit einem anderen Vers und Choral auf. Ich war besonders empfänglich am ersten Tag. Am Vorabend des Übergangs meines Vaters wusste ich nichts über die genaue Ursache seines Todes. Am Morgen erwachte ich mit dem klaren Hellhören der Internationale. Meine Mutter hatte sofort eine Erklärung:

48

Am Ende der Wahlnacht singen die Parteifreunde der Sozialde-
mokraten: Völker hört die Signale! Das schwache Herz meines
Vaters war überladen mit Freude, da nach 16 Jahren Kohl-Re-
gierung nun wieder ein SPD-Kanzler regieren konnte. Er sang
wohl laut mit und verschluckte versehentlich seine Teilprothese,
denn wir fanden sie nirgendwo.

Nachtodkontakte via Wasser, Wurst und Teleportation

Das Innere des prächtigen Kristalls auf der folgenden Seite ähnelt
dem Dachboden eines Hauses. *Ein Auge auf der linken Dachseite*
blickt auf ein rechteckiges Objekt neben dem Schlupfwinkel.
Meine Mutter ging mit mir auf den Dachboden. Ich ging ge-
beugt weit hinaus in Richtung eines Regals. Ja, rief meine Mutter
aufgeregt, dort hat er seine schriftlichen Sachen. In einer Datei
fand ich Manuskripte aus dem Jahre 1951. (Meyer 2016, S. 184)

Zu dieser Zeit hatte ich auch noch andere Nachtodkontakte.
Wir hatten unsere Freunde, Marianne und Helmut Müller zu
Kaffee und Kuchen und zum Canasta spielen eingeladen. Die
beiden hatten kaum am Tisch Platz genommen, als ich ganz
deutlich die Präsenz meines Vaters spürte. Ich war erfüllt von
Liebe und wäre fast geplatzt vor Wonne. Noch nie, außer bei
meinem Nahtoderlebnis im Alter von 21 Jahren, habe ich so
viel Liebe und Güte in mir gespürt. Mein Vater war ja zu seinen
Lebzeiten ein eingefleischter Genießer und Spieler. Ob Schach,
Skat oder Mau-Mau, er war immer zu einem Spielchen aufge-
legt. Und, da ich ihn zu Lebzeiten immer gebeten hatte, mir
nach seinem Übergang ein Zeichen zu geben, hatte er mir
mehrfach bewiesen, was er auf der anderen Seite so alles
arrangieren kann. In einem weiteren Experiment fügte ich
meinem Namen die Frage hinzu, ob mein hinübergegangener

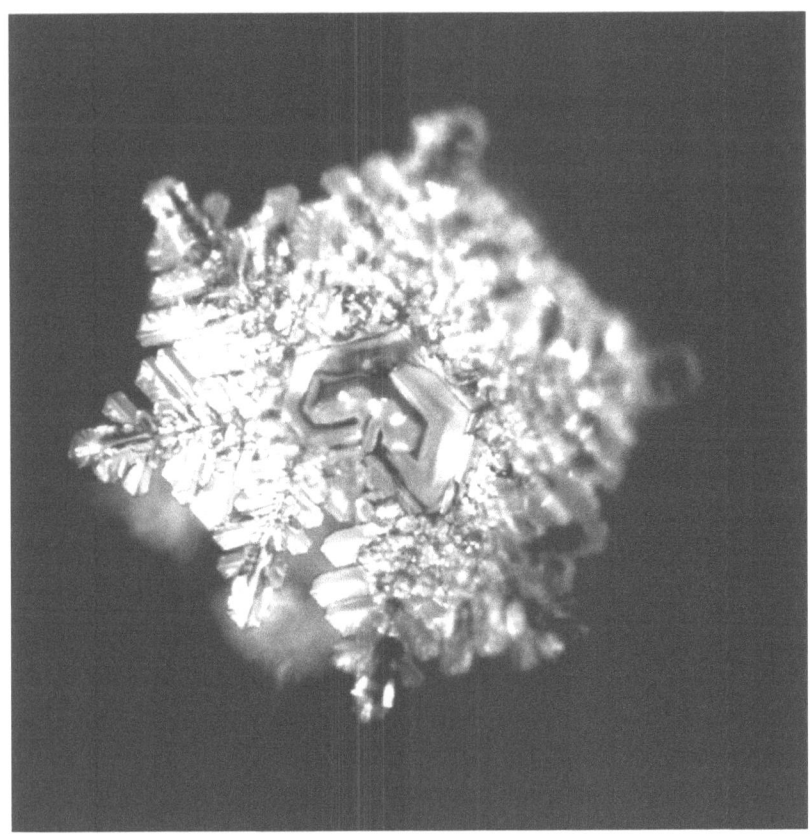

Vater und zwei kürzlich verstorbene Bekannte uns etwas mitzuteilen haben. Auf dem Weg zur Post, um den beschrifteten Zettel an das *Atelier für Kunst und Mystik* zu schicken, dachte ich
intensiv an meinen Vater und bat ihn, mir ein eindeutiges Zeichen zu geben. Ich dachte in Form von charakteristischen Was-
serkristallen, die Ernst Braun *Seelensterne* nennt. Aber so lange
wollte Pa wohl nicht warten, wie meine Leser durch folgenden
Auszug aus meinem Buch *Wassercode geknackt? Wasserkristallfotos, Bildersprache der Seelen* erkennen können.

Ich ging mit meinem Mann zur Post, um den Zettel mit der Frage an die Verstorbenen abzuschicken. In Gedanken war ich bei meinem Vater und bat ihn, mir ein manifestes Zeichen zu geben. Auf dem Rückweg fiel mein Blick auf ein Werbeplakat mit Wurstsorten. Obwohl ich sonst Wurst vehement meide, trieb es mich in den Laden, in dem mir der nette Deutschrusse gewöhnlich sibirische Cranberrys verkauft:

Einem inneren Drang folgend, deute ich auf eine Geflügelsalami und zwei weitere Würste. Mit voller Plastiktasche verlasse ich unter ebenso erstaunten wie erfreuten Blicken meines Mannes den Laden. Nach dem Erklimmen des Kisselbergs setzen wir uns auf den Brunnenrand zum Rasten.

Plötzlich überfällt mich ein höllischer Heißhunger. Ich sage, lass uns die Salami probieren. Alle hygienischen Bedenken über Bord werfend, säbelt Peter mit dem Schlüssel an der Salami herum. Ich sage, hoffentlich kommt jetzt keiner vorbei und denke an einen Leser meiner Bücher, den ich öfters treffe. Er ist fast täglich auf Schusters Rappen unterwegs. Einen Sekundenbruchteil später eilt eben jener an uns vorbei. Ich pruste los: Was geht denn hier ab? Dann in einer ruhigen Minute fällt es mir wie Schuppen von den Augen: Hatte ich meinen Vater nicht um ein deutliches Zeichen gebeten? Ich dachte aber an eines die Wasserkristallfotos betreffend. Hat mein alter Herr dies alles so amüsant arrangiert? Zuerst mir seine Lust auf Wurst übertragen und dann den gesundheitsbewussten Mann in dem Moment vorbei geschickt, als ich an ihn dachte. Danke, Pa, für deine fantasievolle Mitarbeit! (Meyer 2008)

Da fällt mir noch etwas Bemerkenswertes ein. Auf der Beerdigung meines Vaters kam ich mit Marlene Asensio aus

Fränkisch-Crumbach ins Gespräch. Dabei kamen wir auch auf unser gemeinsames Hobby, das Radfahren und verabredeten uns zu einer kleinen Tour. Da wir zu jener Zeit eine neue Couchgarnitur kaufen wollten, hatte ich einen Prospekt vom Möbelhaus Kempf und fragte Marlene, ob wir da nicht mal vorbeifahren könnten. Da Marlene ein echtes Radfahreroutfit anhatte, verstaute sie den Prospekt in ihrer Tasche auf dem Rücken. Wir unterhielten uns noch eine Weile über dies und das, die Zeit verging. Plötzlich bewegte sich Marlene merkwürdig und sagte, „huch, was ist denn das?" Der Prospekt machte einen Satz aus der Tasche und landete auf dem Polster der Bank, auf der wir saßen. „Ach je", sagte ich, „das hätten wir ja fast vergessen. Wir müssen uns beeilen, die schließen ja in einer knappen Stunde."

14.4. um 9:00
Gerade beantwortete ich eine WhatsApp-Nachricht von Loni, die immer auf Peters Handy anruft. Als ich die Grüße an die ganze Familie, der Sohn war zu Ostern aus Bayern angeflogen, absenden wollte, ging es nicht. Ich angeflogen, absenden wollte, ging es nicht. Ich probierte einiges und plötzlich sah ich ein selbst geschossenes Foto von Peter. Ich fügte es als Anhang hinzu und schwuppdiwupp dann ging es. Hatte Peter da auch seine geistige Hand im Spiel?

Mandira fragte, wie es mir geht. Um 11:01 schrieb ich ihr: Es geht jetzt etwas besser. Das Wetter ist auch sehr schön. Peter meldet sich hin und wieder mit kleinen Überraschungen, manchmal ganz witzig. Gut, dass er seinen Humor mit in die andere Welt genommen hat. Wo er mir im Fleisch mit den Büchern kaum helfen konnte, will er sogar welche mit mir schreiben. Klingt verrückt, was? Hab jetzt ein festes Programm: Morgens um 10:00 Uhr, wenn das Fressen sich gesetzt hat und alles sauber ist, mit den Hundis auf Wegen durch die Gegend radeln, dabei Holz für den Winter sammeln, oder zu Fuß durch die Wildnis traben. Dienstags Chor, samstags Markt mit anschließendem Cafébesuch, für die Geselligkeit. Einmal pro Woche Hundestrand fang ich auch bald an. Habt es schön!

11:45
Kaum schreib ich, dass es besser geht, flenne ich schon wieder. Am besten, ich sag gar nichts mehr. Es kann aber auch sein, dass die Lieder von Doris Day, die ich gerade mal wieder höre, so sentimental sind. Oder, weil Karfreitag ist.

17.4.
Gestern waren die Kinderlein gekommen, Peters Großnichte und -neffe, um ihre Ostersachen zu finden. Die Erwachsenen labten sich an meinem Nisperobaum, den Peter noch zurückgeschnitten hatte. Und wieder habe ich vergessen, Delio oder Jochen zu bitten, die French Door wieder zuzumachen, weil ich das nicht hinkriege und vergessen hatte, dass man sie nicht aufmachen darf. Mittlerweile ist es mir mit einem Messer gelungen. Es fiel mir plötzlich ein: Eine Gedankenübertragung?

18:00 Uhr
Gerade wollte ich das Hydrauliköl in den Xantia füllen, habe den Deckel der neuen Flasche aufgemacht und mich gleich darauf geärgert, denn das Hütchen, also der Schwimmer, war schon zu sehen, also kann es daran nicht gelegen haben, obwohl es dasselbe Geräusch war. Und wieder ein déjà vu, mir war diese Szene bekannt, weil ich sie schon geträumt hatte.

53

18.4.

Habe vier Büsche gepflanzt, damit ich neben jeder Menge Orangen, Mandarinen und Nisperos auch mal von den teuren Beeren habe. Zwei Heidelbeersträucher und je einen Johannisbeer-, Stachelbeer- und Himbeerstrauch. Hoffentlich tragen sie auch. Bisher hat heuer alles schön geblüht.

Ich sehe bei VOX *The Story of my Life.* Rebecca Mir und Maximo Sinató, das Ehepaar, das sich bei *Let's Dance* kennengelernt hatte. Sie machen sich Gedanken über ihr Alter, wenn einer allein bleibt. Rebecca sagt, dass Massimos Vater 46 Jahre verheiratet war. Ich denke auch, wie sie, dass man keinen Partner mehr finden will, wenn man so viele Jahre gemeinsam verbracht hat. Die Moderatorin Désirée Nosbusch fragte Massimo, was er Rebecca sagen würde, wenn er wüsste, dass er nur noch kurze Zeit zu leben hätte. Er würde ihr sagen, dass er jeden Moment genossen habe und keine einzige Minute bereue und dass sie sich wiedersehen. „Ich bin so dankbar, dass du in mein Leben getreten bist und mich zu dem glücklichsten Mann auf der Welt gemacht hast."

Fast genauso waren auch Peters Worte in den letzten Wochen seines irdischen Lebens. Was wäre gewesen, wenn er mir gesagt hätte, er würde nicht mehr lange leben? Bestimmt wären meine Nächte schlaflos, voller Verzweiflung und Angst gewesen. Ich heule wieder, bei der Vorstellung, wie Peters Nächte wohl gewesen sein mochten. An seinem Geburtstag war er auffällig ruhig und hatte weniger als sonst gegessen und getrunken.

Ich werde gleich noch einmal das Buch *Über den Tod und das Leben danach* von Elisabeth Kübler-Ross lesen, wo die Psychiaterin ihre Wahrnehmungen, die sie mit Sterbenden hatte, sehr authentisch schildert (2012).

Wissen wir, wann unsere Stunde schlägt?

Merkwürdig, wie in Kalifornien Ende der 1980er Jahre, hatte ich vor einem halben Jahr mal wieder einen Astrochart in englischer Sprache und ein Tageshoroskop per E-Mail bestellt. Hatte ich von Peters Übergang prophetisch geträumt, es aber rasch verdrängt? Gefühlsmäßig meine ich, das mit der *Trennung von einem geliebten Menschen* bereits vor dem 11.2. gelesen hatte (in einem Traum?), aber bei schlimmen Nachrichten bedienen wir uns ja gern des Abwehrmechanismus der Verdrängung.

Von: **Astroportal** <noreply@web01.astroportal.com>
Datum: 11. Februar 2017

Hallo Frau Meyer,
Nachstehend finden Sie Ihr Tageshoroskop für heute

Liebe & Partnerschaft
Es könnte zu einer Trennung von einem geliebten Menschen kommen. Das belastet Sie schwer. Wenn das Schicksal es will, werden Sie einander wieder begegnen. Aber das sollten Sie dem Zufall überlassen. Erzwingen lässt sich das nicht.

Tja, das sollte ich dem Zufall überlassen, obwohl ich sehr gern bei Peter wäre. Das Leben ohne den leidigen Körper muss doch viel leichter sein. Denn so überglücklich, wie ich Peter in seiner neuen Heimat angetroffen habe, bin ich in der Tat neidisch gewesen, als ich mich wieder in meinem Bett befand.

Peter hat es wohl gewusst, dass seine Zeit gekommen war. Er sagte am 11.1., als die Elbphilharmonie eröffnet wurde, „die werde ich in diesem Leben nicht mehr sehen, du vielleicht." Auch ließ er unser ganzes Leben noch einmal Revue passieren und verhielt sich anders, als sonst. Es hat keinerlei Streit gegeben, Peter war viel nachgiebiger. Er hat mir öfter gesagt, dass er mich liebe und ich seine schönste und beste Frau wäre. Auch hat er seine Freude ausgedrückt, dass wir so viel Schönes gemeinsam erlebt haben und uns diese Erinnerungen keiner nehmen kann. Tage vor seinem plötzlichen Tod sagte er, „ich bin so froh und dankbar, dass du in mein Leben gekommen bist. Ich dachte immer, ein Pechvogel zu sein, mit dir hab ich einen richtigen Glücksgriff gemacht." Ich denke, Peter hatte es genauso gewusst, wie mein Vater, der auf seinen Jahresordnern nicht, wie in den vorangegangenen Jahren 1996 und 1997, schrieb, sondern bis Ende Sept. 1998. Am 1.10.1998 hatte er seinen Körper verlassen.

Vielleicht hat sein Freund Bolko Peter schon per Buchstaben im TV-Grieß vorbereitet. Denn als wir zusammen nach Mitternacht den Grieß mit den Buchstaben sahen, hat er gar nichts zu meinem Kommentar wegen der Geisterbotschaft gesagt. Da ich ja äußerst selten zu dieser Zeit noch wach bin und Peter fast jede Nacht bis ca. 2 Uhr auf war, könnte es durchaus sein, dass er ohne mich die Buchstaben entziffert hatte und er womöglich schon wusste, was Bolko so Wichtiges mitzuteilen hatte. Vielleicht erhalten wir ja alle eine Botschaft vom *Sensenmann*. Bei Marita war es eine schwarze Frau in einer schwarzen Limousine. Kurz vor dem 11.9.2001, wo Marita eine Stunde vorm Einsturz der WTC Türme mit einem Lastwagen kollidierte, waren wir im *Sansenhof* Golf spielen. Marita erzählte mir von der schwarzen Frau in der schwarzen Limo. In Erbach schauten wir uns die Tutanchamun-Ausstellung an und tranken dort auf der Terrasse noch etwas. Dabei legte sie all ihren Schmuck ab und bat mich um eine Reikibehandlung. Ich spürte ein starkes Vibrieren. Am Abend aßen wir in der Brasserie und auf deren Boudoir vor der Damentoilette wollte sie noch einmal eine

Übertragung. Als wir uns verabschiedeten, stieg Marita aus dem Auto aus und umarmte mich lange und innig. Ich weiß nicht mehr, ob es in dieser oder einer folgenden Nacht war, als ich vom Einsturz der Türme und Maritas Unfall träumte. Ich kann mich nur noch daran erinnern, dass ich morgens Peter meinen Traum erzählte und sagte, „im Fernsehen sind die Türme des World Trade Centers eingestürzt, aber es kam mir nicht wie ein Film vor, das war wirklich, und dann träumte ich noch, dass Marita einen tödlichen Unfall mit einem Lkw hat."

Bei Theo war es ähnlich. Kurz bevor wir wieder mal mit dem Wohnmobil gen Süden fahren wollten, kam meine Patentochter Andrea mit Theo und den Kindern. Theo sagte, er werde nicht alt, er wolle bald aufhören zu arbeiten. Wir wussten nicht so recht, wie wir auf diese Worte des jungen Mannes reagieren sollten. In der Nacht träumte ich von Theos Unfall, bei dem er auch in einen Lkw raste. Ich sagte es außer Peter meiner Mutter, die empört reagierte und Heide, die sagte, ja Theo hat in letzter Zeit öfter gesagt, er habe viel Glück im Leben gehabt, aber jetzt habe er keine Schutzengel mehr. Ich kann mich noch genau an den zombieartigen Gesichtsausdruck von Andrea erinnern, als sie mit ihren noch kleinen Kindern dem Leichenwagen hinterher sah. In unserer Familie haben wir mit den oftmals plötzlichen Verlusten unserer Lieben Erfahrung. Andrea hat sich auch Hilfe anbietend gemeldet. Ich war gerührt über all die Anteilnahme und die Angebote, zu reden oder zusammen einzukaufen. Ich nahm auch gern Einladungen zum Kindergeburtstag und einer Tanzaufführung an. Renate hat sich auch bei anderen Witwen erkundigt, die sich regelmäßig treffen. Vielleicht komme ich darauf noch einmal zurück.

Ich denke schon, dass die meisten ihren Tod zumindest erahnen. Auch Peters Mutter schien sich Ende der 1980er Jahre, als wir sie in Wilhelmshaven besuchten, ziemlich sicher zu sein. *Lisa sprach viel über den Tod. Entschieden befahl sie uns, kein Aufheben zu machen. Ich will keine Zeremonie, hört ihr? Die Urne soll verbuddelt werden und weiter nichts. Peter schien sich äußerst unwohl in seiner Haut zu fühlen. Weil seine 76-jährige Mutter über keine gesundheitlichen Probleme klagte, sagte er: Ach Muttchen, denk doch nicht ans Sterben, du wirst uns noch alle überleben. Peter beruhigte sich mehr als seine Mutter, die unerschütterlich fortfuhr, Peter bekommt die Anrichte, Joachim das Auto. Ich hatte meine Schwiegermutter noch nie so bestimmt im Ausdruck erlebt. Zuvor hatte sie auch schon mal über ihren Tod gesprochen. Auf Omi Kösters Beerdigung sagte sie in einer pathetischen Art, ich werde die nächste sein. Diesmal klang es anders.* Familien Code, S. 99

21.4.

Gestern rief Karl-Dieter noch mal wegen des 6,3ers und des Lkws an. Er fragte unter anderem auch, wie es Jochen geht. KD hat ja selbst seinen jüngeren Bruder verloren. Ich sagte, er hat wie ich abgenommen, das ist wohl normal beim Trauern. Und dann scheint ihm der Allerwerteste auf Grundeis zu gehen, denn er hat keine Kosten gescheut und sich gründlich untersuchen lassen. Bei mir ist das eher umgekehrt. Mir ist meine Gesundheit jetzt weniger wichtig. Und, da meine Kinder auch auf der anderen Seite sind, hätte nichts dagegen, das Jammertal gegen die schon geschauten paradiesischen Zustände einzutauschen. Nur die Bücher, die Peter mit mir machen will, würde ich noch schreiben wollen, damit die Menschen endlich mal aufwachen und ihre Angst vor dem Leben und Sterben verlieren.

Am 22.4. machte mir mein ins Licht gegangener Mann vermutlich klar, dass ich kein Cranberrybuch in Deutsch mehr schreiben muss. Es sieht so aus, als ob spirituelle Kinder auch Kampfgeist beweisen und nicht immer so wollen wie ihre Eltern. An jenem Tag gab ich mein Cranberrybuch in Englisch zum Druck frei. Am Abend wollte ich mit der deutschen Ausgabe beginnen. Die Titelei bis zur Inhaltsangabe kopiere ich jedesmal von den gerade gefertigten Büchern. Aber diesmal klappte es nicht. Die kopierten Seiten verschwanden immer wieder. Ich dachte, tja, ich soll wohl eine Pause machen. Am nächsten Morgen wachte ich mit dem Gedanken auf, dass ich ja in Hermosa Beach Geister sehen konnte. Wieso habe ich nicht längst mal probiert, die Lebens- bzw. Wohnverhältnisse denen der idyllischen Pazifikgemeinde nachzuahmen? Wir lebten im Apartment 11 in der Ardmore Ave. 1820 = Quersumme 11. Von Lynne Palmer lernte ich, dass man in Häusern mit der Nummer 11 oder Quersumme 11 verstärkt Übersinnliches erlebt. Damals „stöberte ich in der Bibliotheksabteilung gespendeter Bücher herum. Als ich nach einem über automatisches Schreiben griff, fiel mir eine Broschüre von Lynne Palmer in die Hand. Der Titel *Your Lucky Days & Numbers* hatte meine Neugier geweckt. Die Astrologin schreibt, in einem Haus mit der Nummer bzw. Quersumme 11 sind die Chancen, Okkultes zu erleben groß. Menschen, die dort leben, entwickeln ein Interesse an Utopieforschung" (Familien Code S. 20).

Also war das Erste, das ich in Angriff nahm, aus schwarzem Klebeband zwei Einser für die 11 zu schneiden und auf die Haustür zu kleben. Draußen auf den Kasten mit der Wasseruhr klebte ich eine 7 und die 4, meine und Peters Schicksalsnummer, die Quersumme 11 ergibt. Jetzt bin ich gespannt, ob meine übersinnliche Wahrnehmung bald wieder so gut funktioniert, wie in Hermosa Beach.

Am 23.4.2017 morgens nach Gassigehen und Frühstück wollte ich mit der deutschen Ausgabe des Cranberrybuchs anfangen, aber immer wieder klappte es nicht, obwohl ich letztlich ganz neu anfangen wollte. Also, gut, ich brauche das Cranberrybuch wohl gar nicht zu schreiben, ist mir auch lieber, langweilt einen nach Neuem gierenden Schützen sowieso, dasselbe noch mal zu machen, nur in einer anderen Sprache. Sofort wandte ich mich diesem Buch zu und siehe da, jetzt konnte ich die Titeleiseiten vom letzten Buch kopieren und hier einfügen.

Später ging ich hinaus, um einige anliegende Gartenarbeiten zu erledigen. Ich musste noch die im Sturm abgebrochenen Äste beseitigen. da ich lediglich den Hauptast abgesägt hatte, damit ich ihn von den Beeten und den halb zerstörten Pflanzen ziehen konnte. Ich fing also an, die kleineren Zweige vom ersten der vier dickeren Äste abzuknipsen. Den gestrippen Ast legte ich zur Seite und wandte mich dem nächsten zu. Huch? Bis zum untersten Ast waren sämtliche Zweige geknipst! Ich hab das erst gar nicht gesehen, da die Schnittstellen alle noch eng aneinanderlagen. Ich sagte, „oh, Peter, kriegst du deine alten Aufgaben immer noch hin? Oder gibt es die Heinzelmännchen wirklich?" Während der Gartenarbeit fiel mir dann noch etwas ein. Meine Bettdecke wirkt immer wie aufgeschüttelt. So ca. eine Woche, bevor Peter ins Licht ging, kam er morgens ins Schlafzimmer und nahm sich meine verwurstelte Decke vor. Zwei Drittel konzentrierte sich gewöhnlich im unteren Drittel des Überzugs. Peter sagte, die müsste ich jede Woche mal ausschütteln. Hat er das in den letzten paar Monaten gemacht? Oder wie sonst erklärt es sich, dass seit dem 11.2. der Inhalt meiner Decke immer gleichmäßig verteilt ist? Mir ist das erst vor Kurzem aufgefallen, aber erst durch die gekappten Zweige war mir ein möglicher Zusammenhang in den Sinn gekommen.

24.4.

Ich hatte gerade FB gecheckt. Da schrieb mir eine Patrizia auf meinen Kommentar, dass ich gern eine neuere Biografie über Doris Day mit Betonung ihrer Arbeit für Tiere schreiben würde. Ich überlegte, was ich der Dame antworten soll und ging auf ihr Profil. Ich dachte, ich schreibe, wenn ich das Buch *Über den Tod hinaus* (*Beyond Death*) mit meinem Mann fertig habe, werde ich Doris kontaktieren. Dann stand ich auf und machte mir eine Gemüsebrühe. Als ich mich wieder an den PC setzte, zeigte der Bildschirm das Cover meines Cranberrybuches in Englisch! Zu Lebzeiten hat sich Peter kaum um die Werbung für meine Bücher gekümmert. Macht er mich jetzt darauf aufmerksam, dass ich das ja auch erwähnen kann? „Mach ich gleich. Du glaubst gar nicht, wie ich mich über deine kleinen Aufmerksamkeiten freue."

„DANKE, Bobby!"

25.4.

Nach dem Tag der Verschwendung, zweimal den Wasserkessel auf dem Herd vergessen, folgte die Nacht der vielen Träume. In einem sind Peter und ich in die Wohnung unserer nachbarlichen Freunde eingedrungen und haben uns in deren Bett gelegt. Danach hab ich noch von meiner neuen, wunderschönen Wohnung geträumt; sie war mit vielen Goldtönen eingerichtet.

26.4.

Momentan bin ich sehr egoistisch und freue mich, dass Peter noch bei mir ist. Zumal er zu Isa sagte: *I'll wait.* Es ist dennoch sehr schwer. Merkwürdig ist, dass das Wasserkristallfoto auf dem Buchrücken vom mit Peters Foto informierten Wasser unten den Hund zeigt, der mir ein paar Tage nach dem Sterbedatum zugelaufen war. Tobi ist im Profil zu sehen mit einer Art Bumerang unterm Arm.

Später werde ich noch einen Versuch mit Ernst Braun unternehmen, und zwar mit einer Unterschrift von Peter, sofern ich noch eine finde. Er hat ja so viele Papiere weggeworfen, dass fast nur noch Briefe und Unterlagen von mir da sind, auch ein Beweis, dass er es gewusst hat.

Heute war es sehr schwer. Wir haben mit unserem Chor wieder in dem Altenheim gesungen, wo Peter im letzten Jahr noch gefilmt und fotografiert und sich mit einer dort lebenden Seniorin unterhalten hatte, die noch da war.

Die Arbeit hilft: Bäume und Büsche schneiden, wässern, Unkraut zupfen. Die Gartenarbeit als Ausgleich, die zwei Hunde und die Katzen, habe genug Ablenkung.

27.4.

Gerade habe ich die Titelseite für unser gemeinsames Buch bei BoD hochgeladen, um zu sehen, ob der Rahmen, den ich noch auf dem Dokument sehe, nach dem Hochladen weg ist. Der Rahmen vom Bild ist zwar weg, aber das Foto hat sich vergrößert: „*Peterchen aus dem Rahmen fallend* gefällt dir wohl besser, passt ja auch perfekt zu dir. Auf dem folgenden, nur acht Monate alten Foto, an mich geschmiegt, strahlst du genauso warm und froh, wie in deiner neuen Welt. I miss you!"

Kreieren wir unsere Katastrophen durch das Wort?

Am 28.4. waren Loni und Karl mit ihrem Sohn da. Sie gingen mit mir zu Luis do Prego essen. Ich hatte einen gesunden Kuchen gebacken, mit Kokosmehl, Chiasamen und Nispero frisch vom Baum, mit Stevia gesüßt, den wir als Nachtisch mit dem frisch gemahlenen Kaffee erlesenster Sorte genossen, den mir Ines spendiert hatte. Sigrid kam dann auch noch, weil sie die Amazondaten für die Reklamation brauchte. Da sie keinen PC hatte, bot ich ihr an, meinen Zweiten mitzunehmen. Leider hat sie das nicht gleich gemacht, sonst hätte ich den einen noch funktionsfähig. Bei Tisch sagte ich, „wieso seid ihr eigentlich heute gekommen? Ich hab doch geschrieben, dass es nach Regen aussieht und das Wetter am Samstag besser sein soll." Loni sagte, „ich hab dir doch geschrieben, dass wir heute kommen." „Ja wo denn? Ich hab weder bei Skype noch bei Facebook noch in den E-Mails etwas entdeckt." „Ja, ich mach doch nur noch mit dem kleinen Ding rum. Ich sagte, „das kann ich nicht verstehen. Hast du zu viel Zeit? Da dauert das Schreiben doch viel länger, da vertippst du dich doch dauernd. Ich nehme auch nur das Samsung mit, das schwere von Peter liegt zu Hause. Ich hab eigentlich gar keine Lust mehr auf diesen ganzen Kram. Das hat immer nur Peter gemacht, für mich ist das reine Zeitverschwendung. Manchmal wünsche ich mich in die Steinzeit zurück. Immerhin war ich in meinem letzten Leben ein Schäferjunge." Das hätte ich mal besser nicht gesagt. Denn:

Gleich am Abend hatte ich die Steinzeit zusammen mit einigen Nachbarn. Das Stromkabel lag mitten auf der Straße. Vis-à-vis, das Monte Oliva Ferien auf dem Bauernhof hatte gerade Gäste, die in der Einfahrt standen. Ich rief gegen 19:30 Uhr das

Elektrizitätswerk an und meldete das Problem. Aber erst gegen 22:00 Uhr hörte ich die Geräusche der arbeitenden Elektriker, allerdings bis nach 5 Uhr in der Früh, nur etwa zehn Meter von meinem Schlafzimmerfenster entfernt. Als ich morgens die Nachrichten anschalten wollte, ging außer dem Licht nichts. Dann wollte ich eine E-Mail schreiben. Doch das Laptop ging auch nicht zu laden. Ich rief wieder das E-Werk an und meldete einem Philipp Vilena dass, weder W-LAN noch Receiver und Laptop funktionieren, nur das Licht geht. Das Samsung Smartphone war leer und ich steckte das Ladekabel in die Mehrfachsteckdose, es zischte, ich zog das Teil schnell wieder raus. Dann war mir klar, dass da wohl Starkstrom drauf ist. Leider zu spät, alle Ladegeräte, die darin steckten, das fürs zweite Laptop, fürs Tablett und für das andere Handy, alles kaputt. Im Laufe des Tages merkte ich, dass noch zwei Birnen hinüber sind. Die alten, die ich noch in Reserve hatte, waren heile geblieben, nur die neuen teuren sind hinüber. Ich rief dann noch mal beim E-Werk an und sagte einem Pedro Forsica, dass die Arbeiter wohl Starkstromleitungen gelegt haben, das Licht sei auch heller. Er versprach, dass in den nächsten vier Stunden jemand zu mir käme. Ich natürlich gewartet, aber auch nach 18:00 Uhr war keiner erschienen, dafür war das Licht wieder normal. Als ich den großen Computer einschaltete passierte nichts, nur der Bildschirm funktioniert noch.

Ich fuhr zum Chinesen, um Glühbirnen und ein Ersatzladegerät fürs Thinkpad zu bekommen. Der Receiver, den ich mir bei Warten, einem portugiesischen Elektrogerätemarkt, besorgte, ließ sich nicht anschließen. Er ist nur für das portugiesische Fernsehen. Zum Glück fiel mir noch der TV-Techniker ein, bei dem wir damals das E-Bike ein zweites Mal verschickten, weil

65

die Post uns nach drei Wochen mitteilte, dass sie es wegen der Lithiumbatterie nicht nach Deutschland verschicken können. Das ist auch so eine Sache. Das war irgendwann im Oktober. Die Batterie wurde im Sendeformular angekreuzt. Auf dem Karton ist ein riesiges E-Bike mit der Batterie abgebildet und dennoch nahmen es die Damen an. Wie soll ich als Kunde wissen, was wer wie verschicken kann? Aber der Oberhammer kommt noch: Ich habe bis heute die gezahlten 118 Euro noch nicht wieder erhalten. Deshalb bin ich auch nicht gerade optimistisch, vom E-Werk einen müden Hering zu bekommen. Jetzt habe ich bei José ein Ladegerät für meinen Asus bekommen und zusammen mit der Reparatur des Receivers und des großen PC insgesamt 74 Euro bezahlt.

Ich denke, es ist am besten zu warten, bis ich alle Quittungen zusammenhabe. Ich zeigte das zwei Monate alte Smartphone einem Wartentechniker- Von dort auf den Weg zum Auto, muss ich die Box verloren haben oder sie ist mir gestohlen worden. Das Telefon hatte ich in meiner Jackentasche. Da Ines das Telefon bei Warten gekauft hat und ich nur eine Kopie der Quittung hatte, kann ich vielleicht noch eine Kopie von ihr bekommen.

An einem nahe gelegenen Schuttabladeplatz habe ich einen Haufen mit grobem Sand bzw. kleinen Steinchen entdeckt und jeden Tag zwei Plastiktaschen voll heimgeschleppt, durchgesiebt und mit Sigrids Zement Marmorbruch damit verlegt. Sie hatte gerade ein Bauprojekt beendet und mir ihren restlichen Zement mitgebracht.

Immer wieder denke ich daran, dass ich mir diesen ganzen Mist selbst eingebrockt habe, wie ich bereits im Buch Familiencode in Kapitel *Sind wir die Schöpfer von Katastrophen?* an einem fatalen Beispiel erläutert habe.

Tatsächlich träumte ich in der Nacht zu unserem Abflug von einem in weißen Rauch getauchten Flugzeug und wachte schweißgebadet auf. Peter sagte, „das ist bestimmt nur ein Angsttraum." Doch in einem erneuten Traum bat ich Peter, den Flug zu stornieren. Meine Mutter wollte ich auch vom Fliegen abhalten, aber sie glaubte mir nicht, dachte Peter hätte mich überredet zu bleiben, weil wir so viel Arbeit mit den klassischen Automobilen hatten. Es war das erste Mal, dass wir in der Flughalle geblieben waren, um den LH-Jumbo abheben und in der Ferne verschwinden zu sehen. Nach einer knappen Stunde, wir hatten uns gerade eine blaue Pagode angeschaut, sagte Peter, „jetzt wird Alwine über Las Vegas sein." Ich hatte ein mulmiges Gefühl und sagte, „wer weiß, wo sie jetzt ist."

In unserem Nachbarort Manhatten Beach genossen wir noch die *Happy Hour* bei *Orville & Wilbur* und den Sonnenuntergang bei heißer Livemusik. Die kostenlosen Snacks, die es gab, wenn man einen Drink bestellte, ersparten uns das Abendessen. Mir reichte das rohe Gemüse mit Dip, gefüllte Eier und Thunfischpizza. Peter gönnte sich noch 2-3 Shrimps und Austern für kleine Kasse. Zu Hause angekommen, klingelte gegen 19:00 Uhr das Telefon. Peter ging ran. „Alwine!" Es war genau so, wie ich es geträumt hatte. Wir fuhren nach Westchester.

Alle Passagiere sind im Amfac Hotel in der Nähe vom Airport untergebracht. 15 Minuten später wurde ich von meiner Mutter im überfüllten Konferenzsaal des Hotels begrüßt. Du Hexe, du hattest recht, sagte sie fröhlich, und ich wollte es nicht glauben. Setzt euch neben mich, ich hab die Plätze frei gehalten. Einige Passagiere waren über meine jüngste Prophezeiung im Bilde. Ich war fast wie ein Popstar begrüßt worden. Nach dieser Erfahrung war mir kristallklar:

*Wenn wir aufgewühlt sind oder dem Körper Nährstoffe
fehlen, hat es Auswirkung aufs Ganze. Wir schaffen unsere
Wirklichkeit durch Denken, Sprechen und Schreiben.
Wir verursachen die globalen Katastrophen, und deshalb
übernehmen wir Verantwortung für alles Leben auf der
ganzen Welt. Daher sollte es unser größter Wunsch sein,
in einer Gesellschaft mit glücklichen Menschen zu leben.
Meine Erfahrung zeigt deutlich, wie wir miteinander
verbunden sind. Wir sitzen alle im selben Boot.*

*Oder Flieger. Die reichsten und mächtigsten Menschen hängen
von dem ab, was selbst die Ärmsten denken und fühlen. Zuneh-
mende Katastrophen und Burn-outs deuten auf eine Menge ne-
gativer Reize hin. Depression kann Zerstörung verursachen.
Deshalb sollten wir daran interessiert sein, andere Menschen
glücklich zu machen! Ist das nicht der wahre Sinn des Lebens?
Seit dieser Erfahrung sehe ich mich vor, dass ich keine unre-
flektierte Bitte mehr in den Äther schicke. Sie könnte erhört
werden.*

*Wenn die Zunge schneller reagiert als das Gehirn, ist beson-
dere Vorsicht geboten. Dann ist es besser, ganz zu schweigen.
Denn: Loose lips sink ships und bringen Flugzeuge zum Ab-
sturz.* (Familiencode, S. 94 f.)

Leider habe ich in meiner Ausnahmesituation mal wieder un-
überlegt etwas dahingesagt und mich in die Steinzeit katapul-
tiert.

Merkwürdig beim ersten Besuch meiner Mutter in den USA
war, dass sie an ihrem allerersten Tag genauso nah am Übergang ins Jenseits war wie am letzten.

Noch mehr Nachtodkontakte

Ma kam kurz vor Peters Geburtstag. Lange vor der Morgendämmerung hörte ich sie in der Küche rumoren. Ich tastete nach meiner Brille, setzte sie auf und tippelte schlaftrunken zu ihr. Sie hielt ihre Unterarme unter den Wasserhahn und ließ kaltes Wasser darüber laufen. Auf der Gasflamme stand ein Topf mit Wasser. Ist es der Jetlag? Ich sah auf die Uhr: Es ist erst 5!

Jesus, das war jetzt knapp. Die dramatische Stimme meiner Mutter versetzte mich in Alarmstimmung. Was ist mit dir? Ich hab meine Herztabletten zweimal vergessen. Warum? Beim Fliegen nach Westen wird es ja nie dunkel, da hab ich halt nicht dran gedacht, sagte sie mit einem verzeihenden Lächeln! Tzzz! Und wie war das? Ich konnte meinen Puls nicht mehr fühlen. Weißt du, wie ich gemerkt hab, dass es ernst ist? Huh? Ich hab geträumt, ich war in Schönbrunn im Haus von einer Jugendfreundin. Im Traum hab ich so schöne ovale Bilderrahmen gesehen. Darin haben Menschen getanzt und gelacht. Sie haben mich gelockt zu kommen. Ma machte das typische Zeichen mit dem Zeigefinger. Plötzlich hab ich gemerkt, dass sie alle tote Verwandte und Bekannte waren. Aber komisch, meine Freundin lebt doch noch (2 Monate später erfuhren wir, dass sie tatsächlich gestorben war). Ich hab gesagt, nein, nicht jetzt, nicht hier bei Marianne. Ich hab mich aufgerafft ... oh, Jesus, das war um ein Haar. (Familien Code 2016, S 22)

Seit den kürzlichen Fernseherlebnissen mit Peter und meiner Mutter, die mich auf bestimmte Programme aufmerksam machten, denke ich daran, dass das vor 16 Jahren vielleicht auch mein verstorbener Vater war und kein *merkwürdiger*

Zufall. Damals, am späten Abend des 24-Stunden-Rennens 2001 auf dem Nürburgring saß ich vorm Fernseher, da Peter einer dieser Haudegen war, die sich die Nacht um die Ohren schlagen, um durch die *Grüne Hölle* zu rasen. Beim Zappen in der Werbepause sah ich plötzlich in einem Western des Senders *Kabel 1* John Hudson in Großaufnahme kniend mit Cowboyhut und Knarre. Es war das erste Mal, dass ich unseren Freund in einem Film sah, vorher zwar mal bei Larry Hagman und seinem Flaschengeist Barbara Gordon, aber nie in einem Western. Als ob das noch nicht genug war, kam gleich nach dem Ende des Streifens die Vorankündigung eines weiteren Western mit den beiden Hauptdarstellern Jocelyn Brando und Montgomery Clift. Das war schon sehr merkwürdig, zwei Freunde und Peter in ein und derselben Nacht im TV! Ich rief natürlich sofort Jocelyn an und sagte, „ich sehe dich gerade in einem weiß-braun gestreiften Kleid. Wie kann das nur sein, du John und Peter am selben Abend im TV?" Jocelyn sagte, „das wirst du schon noch herausfinden." Ja, das war wohl Pa.

Auch am Nachmittag nach der Beerdigung könnte mein Vater seine spirituellen Hände im Spiel gehabt bzw. dem Kameramann seine geführt haben. Ich wurde am Messestand des Windpferd Verlages auf der Frankfurter Buchmesse erwartet, um meine Bücher vorzustellen und Drinks mit Spirulina und Leckereien anzubieten. *Nach dem Motto „The show must go on" fuhr Peter mich nach der Zeremonie und dem Leichenschmaus nach Frankfurt. Und, wie die Nadel im Heuhaufen, sah mich meine Mutter in der Hessenschau in einem der Gänge auf der Suche nach dem Windpferdstand.* (Ebd. S. 178)

Unser Kater Max hatte vor ca. 14 Jahren auch einen Nachtodkontakt. Er kam panisch schreiend zur Terrassentür herein gefegt. Heulend hetzte er durch die Gemächer, ganz so als wäre ein Geist hinter ihm her. Tags drauf erfuhren wir: Es war wohl nicht nur eine Redensart: Unsere Vermieterin hatte genau zu dieser Zeit im Krankenhaus ihre fleischliche Hülle verlassen. Frau Peters war zeitlebens geradezu darauf versessen, Max mit fetten Leckerbissen zu verwöhnen. Dieser belohnte sie dafür mit seiner putzigen Präsenz. Max, der den meisten Menschen gegenüber sehr scheu war, kam als einziges unserer 14 Samtpfotenwesen zum Sterben zu mir. Er kam ähnlich schreiend zur Terrassentür herein. Ich brachte ihn zwar noch zum Veterinär, aber Max machte eine Stunde später zu Hause in meinen Armen ohne zu leiden seinen letzten tiefen Atemzug. Danach vibrierte er kurz am ganzen Körper. Das machte mir klar, dass wir elektrische Wesen sind, die nach dem leiblichen Tod die Frequenz erhöhen.

Gerade betrachte ich noch einmal Peters Wasserkristallfoto auf der Rückseite des Buchumschlags. Ernst F. Braun war so lieb, mir diesen, wie er es nennt, *Seelenstern* zu schenken. Ich hatte ihm einfach nur Peters Foto geschickt. Auf dieses hatte Herr Braun drei Tage lang ein Fläschchen mit destilliertem Wasser gestellt, dann Tropfen tiefgefroren und bei -5 Grad mikroskopisch fotografiert. Vorher war mir die Birne, nordwestlich vom Hund mit dem schwarzen Bumerang, nicht aufgefallen. Aber nach dem Starkstromdesaster denke ich, dass dies auch eine Prophezeiung war, so wie damals, als mir mein verstorbener Vater das Abkapseln meiner Mutter und ihre schwere Depression via Steingesicht und Kokon vorhersagte. Damals informierte Ernst Braun das destillierte Wasser nur mit dem Zettel, auf den ich meinen Namen geschrieben habe und die Frage an meinen Vater, ob er mir etwas mitzuteilen habe.

71

Da meine Mutter nach einem kleinen Autounfall nicht mehr fahren wollte, war sie von all ihren Aktivitäten, wie Singen, Tanzen, Gymnastik und ehrenamtliche Tätigkeiten abgeschnitten. Sie zog sich immer mehr zurück. Aber manchmal, wenn ich mit Peter von unserer Anhöhe in die Michelstädter Altstadt ging, kam sie von ihrem Hügel auf der gegenüberliegenden Seite ebenfalls in die Stadt gelaufen. Sie sagte, sie habe plötzlich so einen Drang verspürt, sich anzuziehen und loszulaufen. Wir dachten dann beide an Pa, dass er das wohl wieder meisterhaft arrangiert hat. Dennoch schien die schleichende Depression meiner Mutter, vielleicht verbunden mit ihrem hohen Medikamentenkonsum und oder ihrer Borreliose, nicht mehr aufzuhalten gewesen zu sein. Ich hätte damals gern eine größere zentral gelegene Wohnung gemietet und Ma zu mir genommen. Aber sie wollte ihre gewohnte Umgebung nicht aufgeben.

4.5.
Der reparierte Receiver zeigt zwar an, aber es heißt immer noch NO SIGNAL. Vielleicht hab ich die Kabel doch nicht richtig angeschlossen? Kann das auch mit dem LNB zu tun haben? Kann es sein, dass die Antenne nicht mehr richtig ausgerichtet ist? Vielleicht hat sich auch die Satellitenschüssel windbedingt verschoben. Google rät, die Schüssel sowohl in der horizontalen als auch in der vertikalen neu auszurichten. „Peter, du fehlst mir an allen Ecken und Enden."

Morgen fahre ich, sofern nichts dazwischen kommt, mit Sigrid nach Spanien. Dann bin ich schon 6 Tage ohne TV. Vielleicht habe ich schon Entzugserscheinungen, denn heute war ich ziemlich fahrig.

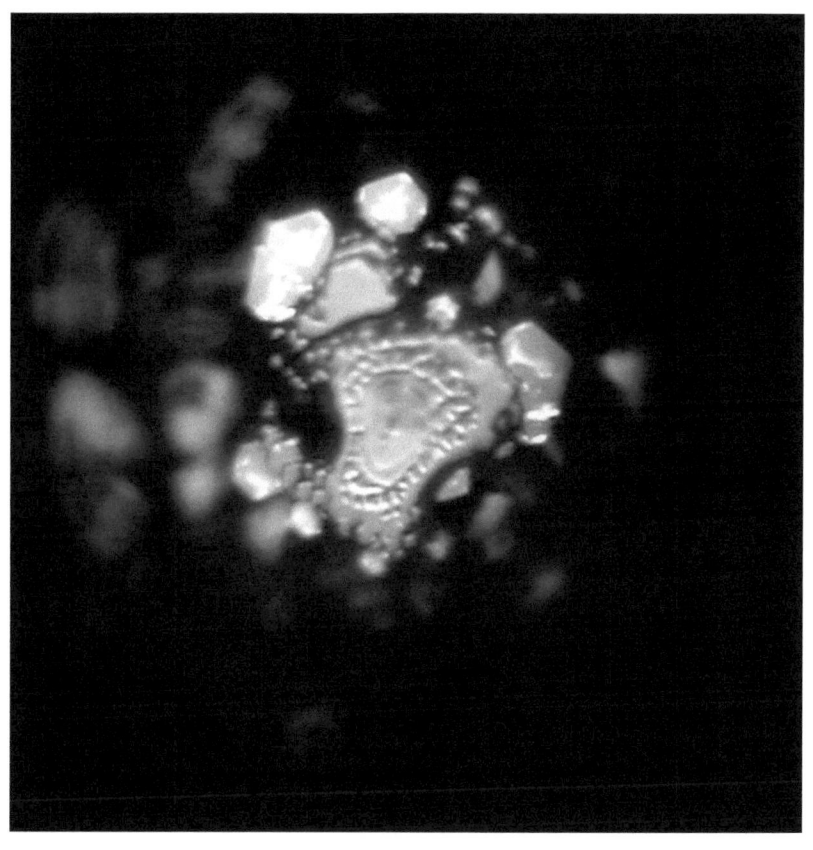

Samstag, 6.5
Die Samstage sind für mich meist sehr schwer. Ich zünde jeden
Samstagnachmittag weiße Kerzen an. Gerade rief ich Heide an,
und kaum fragte sie mich, wie es mir geht, ist mir wieder zum
Heulen und das Gespräch bricht ab. War das Peter? Will er
nicht, dass ich weine? Nachdem ich mich für den Markt fertig
gemacht habe, rief ich wieder Heide an. Wir sprachen eine

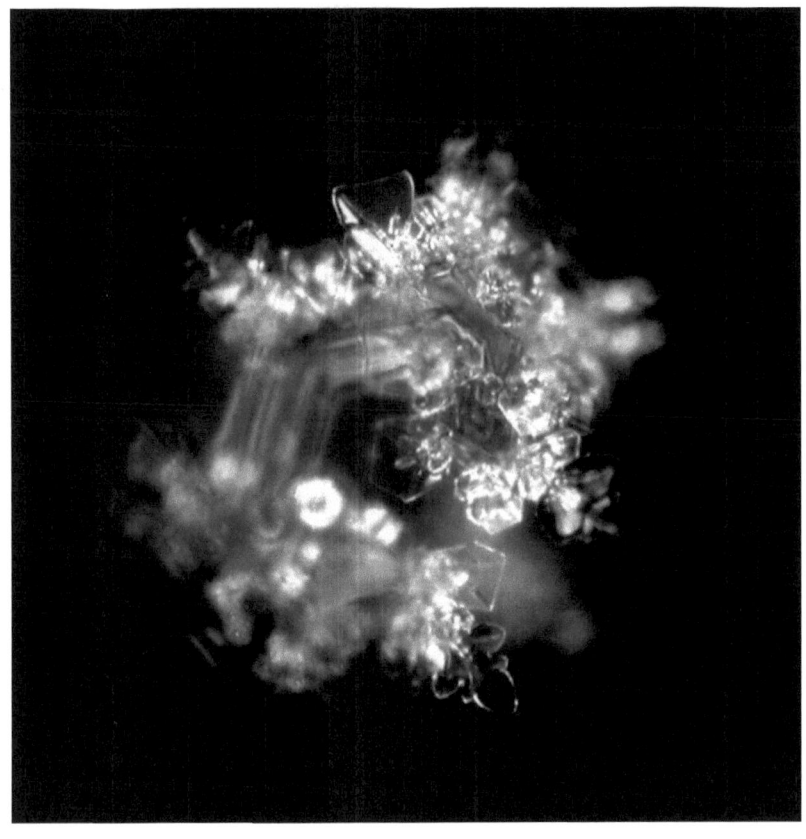

Weile. Ich wollte sie fragen, ob sie denkt, ihren Karl, sollte er vor ihr gehen, auch so zu vermissen würde, obwohl sie getrennt leben. Es kam nicht zur Frage, da das Gespräch wider abbrach. Soll ich mir gar keine Gedanken um solche Dinge machen?

Am Spätnachmittag nahm Renate mich mit zu Tanzaufführungen im Kino, wo auch Annelie teilnahm. Zuerst traten die 4-5-Jährigen auf. Da war so eine rothaarige mollige Rampensau dabei. Sie konnte das richtig gut und hat uns beide an Corinna, eine von Renates Schülerinnen erinnert, mit der ich auch gearbeitet hatte.

8.5.

Da der Flachbildfernseher noch Garantie hat, packte ich ihn ein und fuhr ihn nach Olhao. Die Mädels waren sehr nett und lachten über mein schauspielerisches Talent. Ich machte ihnen vor, wie es ist, wenn man nur das Bild sieht und die sich bewegenden Mündern und absolut nichts versteht. Sie sagten, ich bekäme in 24-48 Stunden Bescheid, ob das Teil repariert wird oder ich einen neuen bekomme. Ich habe mir dann noch einen Kühlschrank ausgesucht und Maß genommen.

9.5.

Habe das Foto von Peter wieder auf die Couch gestellt. Ich weiß nicht, ob es etwas damit zu tun hat, aber nach drei Monaten scheint es mir eher schlechter zu gehen. Vor ca. 2 Wochen hab ich das Foto zur Urne in den schönen Raum gestellt. Vorher hatte ich schon mal den einen oder anderen Tag ohne Tränen. Aber jetzt vergeht wieder kein Tag ohne. Vielleicht hat es auch damit zu tun, dass ich mit dem Cranberrybuch ein neutrales Thema hatte und nun immer mit Peter beschäftigt bin. Aber die deutsche Cranberrybuchversion wurde mir ja quasi blockiert, indem die kopierte Titelei immer wieder verschwand. Es kann ja auch sein, dass ich nur noch dieses Buch schreiben muss und meine Aufgabe in diesem Körper damit erfüllt ist. Wir sind ja alle mit einer bestimmten Aufgabe zur Welt gekommen. Ich habe nun auch schon um die zwanzig Bücher geschrieben. Vielleicht werde ich nach diesem von meiner Aufgabe befreit sein. Aber solange ich das nicht weiß, schreibe ich weiter.

75

11.5.

Schon wieder erkältet. Direkt nach dem Schock vor drei Monaten hatte ich schon viele Wochen lang anhaltenden Husten, jetzt läuft die Nase und der Hals ist vom vielen Niesen schon ganz rau. Ausgerechnet heute muss das anfangen, wo wir von Uli eingeladen worden sind. Ich hatte mich gestern schon so auf den Inder gefreut, mein Vorschlag, weil seine Claudia Veganerin ist. Ich überlegte den ganzen Tag, ob ich nicht lieber absagen sollte, aber als die beiden ankamen, machten die Niessalven eine Pause. Als Claudia mich im Arm wiegte, heulte ich wieder los und sagte, so schwer hatte ich es mir nicht vorgestellt. Das ist schon merkwürdig, wie das Niesen und der Schnupfen auf einmal aufhörten. Nach dem köstlichen indischen Essen mit Rotwein gingen wir noch in ein Café nebenan. Wir hatten viel Spaß, und als sie mich zu Hause abgeliefert hatten, ging es wie auf Kommando wieder los, bis der Hals wund war und ich herausfand, dass es weniger wehtut, wenn ich mit geschlossenem Mund niese.

12.5.

Ich habe noch nichts vom Fernseher gehört. Gestern rief ich mal an, aber sprach nur auf den Anrufbeantworter. Von wegen Kühlschrank, die denken doch nicht, dass ich bei diesem dürftigen Service noch mal etwas bei ihnen kaufe. Zum Glück hat mir José einen alten Fernseher mitgegeben, den ich so lange behalten darf, bis das geregelt ist. Ich gebe ihm dafür ein Familien Code Buch in Englisch. Werde am Montag erst Dampf machen in der Hoffnung, dass es mir wieder besser geht.

14.5.

Der Schnupfen ist fast weg, aber es geht mir nicht besonders gut, obwohl ich von Peter geträumt habe, weiß aber nicht mehr was. Ich habe in eine zu weite Hose Abnäher rein genäht und bin zweimal mit den Hundis Sand holen gegangen und habe wieder etwas zementiert. Nachdem ich Heide angerufen habe, ging es mir wieder etwas besser.

18.5.

Seit zwei Tagen hat das Weinen deutlich nachgelassen. Eigentlich kann ich doch jetzt froh sein, wo ich genau weiß, dass ich auf der anderen Seite erwartet werde, dass ich weder Schmerzen, noch Hunger oder Durst haben, weder schwitzen noch frieren werde. Nur, wie lange werde ich noch warten müssen?

20.5.

Conforama hat sich immer noch nicht gemeldet. Sie wollten mir nach zwei Tagen gesagt haben, ob der Fernseher repariert wird oder ich einen neuen bekomme, aber sie haben nicht mal meine E-Mails beantwortet, nur nach der Telefonnummer gefragt, aber nie angerufen. Doch siehe da, auf eine etwas massivere E-Mail erhielt ich endlich einen Anruf: Die Angestellte sagte, es stünde in den Garantiebedingungen, dass Conforama 30 Tage Zeit zum Reparieren hätte. Warum nicht gleich?

Ich suche ganz verzweifelt meine Schlüssel. Habe die neuen Reifen des Wohnmobils mit Pappe abgedeckt, um sie vor der Sonne zu schützen. Da muss er mir wohl aus der Hemdtasche gefallen sein. Ich reiße die Pappen wieder runter, entferne das Grünzeug um den Camper, suche auch da, wo ich kurz vorher eine große vom Sturm zum Nachbarn gefallene Topfpflanze mühsam wieder hochgehievt hatte. Nix.

Habe mich durchgerungen, Bolkos Schwester Freuke anzurufen. Da Bolko Kontakt zu seinem verstorbenen Bruder Harro hatte, dachte ich, die Schwester wäre vielleicht auch medial veranlagt; spreche aber nur mit einem Anrufbeantworter.

21.5.
Das Telefon erwacht zum Leben. Und das am Sonntagmorgen. „Hier Adrian, meldete sich eine Männerstimme." Wer ist das denn, denke ich und sage: „Ja bitte, was kann ich für sie tun?" „Sie wollten Freuke sprechen." Ich sagte, „ja, richtig." „Das geht leider nicht." „Wieso nicht?" „Freuke ist vor eineinhalb Jahren gestorben." „Oh, das tut mir leid." Deshalb hat Bolko mit den Schultern gezuckt. Hat wohl gedacht, es schadet nicht und bringt Freukes Witwer vielleicht zum Nachdenken, wenn ich ihm das Ganze erzähle. Er sagte, da könne er wenig helfen. Ich solle mich doch besser bei Tammo melden. Bolkos Bruder könnte mir vielleicht eher etwas sagen.

Es war wieder schön mit der Sonntagsflohmarkttruppe in Vila Novo de Casela. Franz hat nicht all zuviel von seiner Kubareise erzählt. Es scheint für Touristen alles recht teuer geworden zu sein, obwohl ein Arzt nur 40 Euro im Monat verdient. Alles kostet so viel wie hier, nur die Hotels sind noch viel teurer.

Nach dem Markt fuhren wir zum Essen nach Cacela Velha und bestiegen den Hügel, um noch mal einen Blick auf die östlichste Lagune der Ria Formosa zu werfen. Danach war ich noch mit Sigrid im Robinson Club, mal in der Boutique stöbern. Fast hätten wir auch Tischtennis gespielt. Da ich aber dringend pieseln musste, keine Toilette fand und mit der Frage nach einer nicht als Nichtmitglied auffallen wollte, haben wir es aufs nächstes Mal verschoben.

22.5.

Der Schlüssel klemmte zwischen zwei meiner gestrickten Sofakissen.

Bei Tammo Seifert, Bolkos Bruder, habe ich auch nur den Anrufbeantworter erreicht. Da ich im Internet eine E-Mail-Adresse gesucht habe, fand ich heraus, dass Tammo auch zwei Biografien geschrieben hat. Da werde ich ihn mal zum Büchertausch anregen. Seine zwei Bücher scheinen recht spannend zu sein. Ein ehemaliger Schüler, Thorsten Böhme, hat ihm 5 Sterne gegeben und diese Rezension verfasst: *Mir war nicht bewusst, dass es sich bei meinem ehemaligen Latein- und Geschichtslehrer (lange ist es her..) um ein derartiges Schreibtalent handelt (Hut ab!!). Ich habe dieses Buch verschlungen: Erinnerungen an meine eigene Jugend in Wilhelmshaven, an die Max-Planck-Schule, Freunde, Ferienheimaufenthalte auf Wangerooge wurden wach.*

Da ich in zwei Monaten voraussichtlich auch in den Genuss kommen werde, Wangerooge zu besuchen und zu sehen, wo Peter einige Zeit seiner Jugend verbrachte, würde ich das Buch *Kino, Kirche, Kugeln aus Stahl: Eine Wilhelmshavener Kindheit in den 50er Jahren* schon gern lesen.

Am 24.5. um 4:30 Uhr wurde ich durch ein unbekanntes sirrendes Klingelgeräusch geweckt. Was war das denn? Huch, wie die Prinzessin auf der Erbse lag ich auf etwas Hartem. Ich griff unter meinen Allerwertesten und zog das kleine Plastikfläschchen mit meinen Augentropfen hervor. Richtig, gestern nach der Chorprobe hatte ich wieder leichte Schmerzen im rechten Auge und dann doch vergessen, die Augen zu tropfen. „Danke Peter, wenn du das warst. Aber die Bettdecke muss ich seit über einer Woche wieder selbst aufschütteln. Hast wohl Wichtigeres zu tun. Arbeitest vielleicht an einem der Freienergieprojekte, die ich im Wasserbuch vorgestellt habe."

Gerade frage ich mich, was denn der Sinn meines fehlenden Geruchs- und Geschmackssinn ist. Ich versuche es bald mal damit, das zerschnittene Hemd und T-Shirt zu entsorgen.

Steht alles in den Sternen?

Was ist dran an der Astrologie? Bolko, der im selben Kreißsaal eine halbe Stunde vor Peter geboren wurde, hat bis ins mittlere Erwachsenenalter Gleiches erlebt, wie Peter und beide sind ganz plötzlich aus dem Leben heraus, quasi im Stehen, gestorben. Beide hatten im jugendlichen Alter von 19 Jahren geheiratet und beider Frauen bekamen zwei Söhne. Beide wurden geschieden und lebten sieben Jahre im Konkubinat, bevor sie ein zweites Mal heirateten. Ilse bekam dann ihren Sohn Konrad und meiner, Jan Jasper, hatte es nicht auf die irdische Ebene geschafft. Beide, Bolko und Peter, gingen allzu locker mit Geld um. Bolko hat viel verschenkt, Peter verliehen. Ich fand gerade einen Zettel mit Peters Schrift: Bin 4 Jahre hier und jeden Monat solle es soweit sein. Berthold hat mir 2.000 abgezockt und … den Rest konnte ich nicht entziffern. Kurz vor seinem Tod haben wir noch über Berthold und Rudi Neid gesprochen, der auch das Geliehene nicht zurückzahlte.

Beide, Bolko und Peter hatten am Ende ihres ausgefüllten Lebens keine Fülle mehr, zumindest nicht im Portemonnaie.

Beim Lesen von Henry Millers Buch *Big Sur und die Orangen des Hieronymus Bosch,* als er sein Leben in Big Sur beschrieb, habe ich oft an meinen Bruder gedacht. Henry ging mit seinen Kindern so um, wie Heini mit Andreas. Auch ihr Lebensstil, der radikale Individualismus ... am Ende des Buchs entdeckte ich, dass die beiden nicht nur die gleichen Namen Henry und Heinrich haben. Miller wurde auch, wie mein Bruder am 26. Dezember geboren. Beide malen und dichten.

Oder nehmen wir die beiden Weltstars, Marlon Brando und Doris Day. Ich habe beide Biografien gelesen, weil ich mit Jocelyn, Marlons Schwester, befreundet war und mit Doris verwandt bin. Dabei habe ich erhellende Parallelen entdeckt:

Am 3.4.1924 erblickte in Cincinnati, Ohio, ein Mädchen das Licht der Welt. Eine Stunde vor Mitternacht desselben Tages 700 Meilen entfernt wurde in Omaha, Nebraska ein Junge geboren. Vorfahren beider Kinder stammten aus Deutschland. Beide litten unter der Vernachlässigung eines bzw. beider Elternteile. Beide Kinder waren 12 Jahre alt, als sich ihre Eltern scheiden ließen. Die verletzte Seele des Jungen verbarg sich hinter einem jugendlichen Machogehabe, das in seinen frühen Filmrollen als jugendlicher Rebell Ausdruck fand. Das Mädchen konnte emotionale Unsicherheit und Kränkungen bereits als Teenager durch Tanzen und Singen sublimieren. Beiden war der enge Kontakt zu ihren Tieren eine seelische Stütze. Später suchten beide Trost im Glauben bei Mary Baker Eddy's Christian Science. Als Kinder strebten beide Tanzkarrieren an, wurden aber überzeugende Schauspieler. Beide hatten die Gabe, ein Lied nur 1-2 Mal hören zu müssen, um es vortragen zu können. Als sie zu Weltstars wurden, konnten sie sich mit dem Rummel um ihren Ruhm nicht anfreunden. Sie interessierten sich nicht für Hollywoods Spielregeln und galten bzw. gelten als gesellschaftliche Außenseiter. Beide interessierten sich nicht für Geld und überließen es zum Anlegen den größten Raffzähnen in ihrer Nähe. Marlon gab es seinem Vater, Doris

81

ihrem Mann. Beide Möchtegern-Dagoberts investierten das durch die Filmarbeit verdiente Geld ihrer Lieben in Rinder, Bodenschätze und andere faule Anlagen. Da sie in Gelddingen arge Geheimniskrämer waren, blieb den Hinterbliebenen unklar, ob irgendwo beiseite geschafftes Vermögen existiert, vielleicht auf Schweizer Nummernkonten.

Doris Day und Marlon Brando haben je 39 Filme gedreht. In einer englischen Biografie von David Kaufman las ich, dass sich Doris gewünscht hätte, mit Marlon zu arbeiten. 1968, in ihrem 38. Film *Als das Licht ausging* hätte es fast geklappt. Denn neben Burt Lancaster und Richard Burton stand Marlon Brando zur Diskussion. Aber im Film konnte jeder deutlich sehen, dass Doris auch mit Partner Patrick O'Neal ganz happy war.

Durch diese Analogie dürfte das Geburtsdatum von Doris zweifelsfrei feststehen, zumal sie in ihrer Biografie erklärte, warum sie sich um zwei Jahre älter machte: Sie war erst 15, als sie 1939 ihre Sängerkarriere in Barney Rapps Big Band begann.

Nun aber noch etwas Persönlicheres, das im letzten Jahr geschah. Ende der 1980er Jahre hatte ich für Peter und mich mal einen persönlichen Astrochart geordert. Rund 30 Jahre danach ließ ich mir, wie erwähnt, einen für ein viertel Jahr erstellen.

Genauso stand es gleich am ersten Tag der persönlichen Vorhersage für die nächsten 3 Monate:

Aug 22 2016
Jupi quincunx Uran
Serious electrical problems can occur in the home requiring serious re-wiring, or electronic gear can burn out at this time, costing a great deal of money to be repaired.

Gleich am nächsten Tag, als ich mit dem E-Bike fahren wollte, stellte ich die schweren elektrischen Probleme, des im Haus stehenden elektrischen Fahrrads fest. Ich schrieb folgende E-Mail an die Firma Leon Cycle:

Am 23.08.2016 um 15:17 schrieb Marianne Erika Meyer:

Sehr geehrte Damen und Herren,

leider habe ich nach ca. 240 km ein Problem mit o. g. Fahrrad. Der Akku ist voll, aber der Elektroantrieb schaltet sich nicht zu. Die Fehleranzeige steht auf 09.

Bitte teilen Sie mir mit, was zu tun ist.

Mit freundlichen Grüßen
Marianne E. Meyer

Erst danach las ich im Astrochart über die notwendige Neuverkabelung oder elektronische Ausrüstung und machte Herrn Hirsch darauf aufmerksam. Ich schlug vor, uns die Teile zu schicken, damit Peter es selbst reparieren kann oder wir Hesekiel, unseren kompetenten Autoelektriker damit beauftragen können. Immerhin war gerade die beste Zeit zum Radfahren und ich wollte die kostbare Zeit nutzen. Das Senden nach Hannover und zurück dauert ja mindestens drei Wochen. Leider lief dann alles ganz anders. Nach 53 E-Mails und so viel Schreiberei, wie ich in ein halbes Buch hätte investieren können, hatte ich dann mein Rad erst Mitte November wieder! Es hat in der Tat eine Menge gekostet, z. B. 118 Euro bei der Post, die drei Wochen brauchte, um festzustellen, dass sie Lithiumbatterien nicht verschicken können. Das Geld habe ich wie gesagt bis heute noch nicht wieder zurück bekommen.

Aber der Grund, warum es insgesamt so lange gedauert hat, und für Leon Cycle und mich so teuer wurde, war wieder einmal der Mangel an Aufgeschlossenheit. Ich hatte den Ausschnitt des Astrochats mitgeschickt und gebeten, neue Kabel zu schicken. Sie schickten aber nur einen Sensor, der nicht das Problem war. In dieser Richtung erlebe ich immer wieder das Gleiche:

Die Leute bekennen sich meist ganz stolz als Realisten und merken gar nicht, dass sie mit ihren Scheuklappen sich nur selbst schaden.

Wer von meinen Lesern immer noch an den Sternen zweifelt, kann ja selbst mal Biografien von Prominenten mit gleichem Geburtstag bzw. -ort lesen. Es ist faszinierend, ihre Eigenschaften und Marksteine des Lebens mit den eigenen zu vergleichen. Ähnliches habe ich mit Marianne Sägebrecht im Buch *Familien Code* herausgearbeitet, das sich aber mehr auf Numerologie bezog,

Telepathie oder Nachtodkontakt?

Könnte es nicht sein, dass vieles, was wir als Telepathie annehmen, Nachtodkontakte darstellen? Auf diese Idee bin ich durch die Erfahrung meines Bruders gestoßen. Er war zum ersten Mal zusammen mit seinen Handballkumpels in Paris unterwegs. Die Männer kehrten mal hier und mal da ein. Als der Fahrer sagte, ich weiß jetzt gar nicht mehr, wo unser Hotel ist, hatte mein Bruder plötzlich eine Vision, bei der er eine bebilderte 3-D-Karte von Paris vor Augen hatte und sich so ganz leicht in der französischen Metropole orientieren konnte. Er dirigierte die überaus erstaunten Sportkameraden auf einer ganz anderen, besonders pittoresken Route, zurück zum Hotel. Dabei fiel mir als Sender Henry Miller ein, der sich ja bestens in Paris auskannte. Vielleicht ist er ja auch ein Verwandter und wollte seinem Groß- oder Urgroßneffen und Namensvetter aus der Klemme helfen. Denn der Großvater meines Vaters war 1902 in die USA ausgewandert und soll in der Gegend von Carmel gelebt haben. Henrys Vater war ein Schneider aus Bayern und seine Mutter wuchs in Hessen auf. Michelstadt ist in Schusters Rappen Distanz vom Dreiländereck Baden-Württemberg, Bayern und Hessen. Großmutter Marias, meines Vaters, Bruders und meine eigenen literarischen Ambitionen könnten dafür sprechen. Auch lebte Henry Miller zehn Jahre lang in der Nähe von Carmel.

Wie ich in meinen Wasserbüchern ausführte, gehe ich davon aus, dass Übermittlungen auf der Seelenebene durch das Wasser geschehen. Neben Samuel Hahnemann, der vor rund 200 Jahren nachgewiesen hat, dass Wasser Informationen speichert, gibt es heute viele moderne Forscher, die diese Eigenschaft von H_2O nicht mehr bezweifeln. Bei den Hochpotenzen mit zigmaligem Verschütteln homöopathischer Arzneien ist im Wasser kein einziges Molekül der ursprünglichen Wirksubstanz mehr enthalten. Dennoch wirken die Frequenzen bzw. Informationen dieser Mittel. Unser Körperwasser war auch mal Fluss-, Wolken- und Nahrungswasser, das im Lauf der Zeit Informationen gespeichert hat. Übrigens auch kosmisches Wasser, wie wir seit zwanzig Jahren wissen könnten. Denn die NASA veröffentlichte 1997 ein Foto, das riesige aus dem All auf die Erde fallende Schneebälle zeigt. *Täglich kommen einige Tausend auf uns zu, die sich jedoch zersetzen und Teil einer Wolke werden, sobald sie in Erdnähe kommen,* heißt es in der Pressemitteilung der NASA vom Mai

1997. Wie kometenähnliche Himmelskörper von etwa 12 Meter Durchmesser fallen die Schneebälle seit Milliarden von Jahren aus dem All. Dies deutet auf ein kontinuierliches Fließen kosmischer Informationen hin.

https://apod.nasa.gov/apod/ap970530.html

Und ist Ihnen nicht auch schon einmal aufgefallen, dass Sie bei Regen bzw. Luftfeuchtigkeit häufiger von Ihren Lieben im Jenseits träumen? Resoniert unser Körperwasser mit dem Himmelswasser?

Was hat es mit der Zahl 11 auf sich?

Die Zahl 11 taucht immer wieder bei mir auf. Vor allem als Sterbedatum. Menschen in meiner Umgebung, Verwandte, Geliebte und Freunde, haben in ihrem Sterbedatum eine 11. Könnte das eine Botschaft sein? Die 11 soll ja Symbol für die Verbindung zwischen Himmel und Erde sein.

Oder habe ich das Ganze selbst mit meinem Verhalten provoziert? Denn, seit Peters Mutter am 11.11. um 11:11 Uhr kalifornischer Zeit ihren Körper, der in Wilhelmshaven in einem Krankenhaus lag, verließ und mich in unserem Schlafzimmer nahe dem Pazifik besuchte, berichte ich über dieses Phänomen oder sagte auch nur: Das war clever von Lisa, dieses Sterbedatum zu wählen. Da denken ihre Jungs immer an sieSeither segnen fast alle, die davon wussten, am 11. Tag, im 11. Monat, im Jahr 11 oder mit der Quersumme 11 das Zeitliche. Mein Vater am 1.10.1998 = Quersumme 11. Meiner Freundin Ingrid war es wohl wichtiger, zwischen dem Geburtstag meines Vaters und dem meiner Mutter, am 5.6.2009, zu gehen. Aber wenn man Tag und Monat und das Jahr extra nimmt, hat sie auch eine Doppelelf geschafft. Meine Freundin Marita verunglückte am 11.9.2001, spektakulär eine Stunde vorm Einsturz der WTC-Türme. Jocelyn Brando wechselte sogar an meinem Geburtstag, am 27.11.2005 ihre Schwingungsfrequenz. An diesem Tag riefen ganz viele Freunde bei mir an. Bei strahlendem Sonnenschein mit kalifornischen Temperaturen war ich erstaunt darüber, dass ich fast bei jedem Anruf weinen musste. Erst an Ostern, als ich Jocelyn eine Karte mit ihren Lieblingsblumen Osterglocken malte und sie vorm Abschicken anrufen wollte, erfuhr ich es via Internet, nachdem ich sie nicht mehr erreicht hatte. Meine Mutter verließ ihren kranken Körper am 1.1.11, Peter am 11.2.17.

Sehnsucht nach Wiedervereinigung

Dreieinhalb Monate, aber es schmerzt noch immer. Der Kummer kommt in Wellen, ebbt aber immer rascher ab. Vielleicht hat es mit dem Buch zu tun, dass ich mehr leide. Ich bin immer im Zwiespalt, ob ich es nicht lieber erst mal lasse, kann es dann aber doch nicht lassen. Ich betrachte es als meine Aufgabe, für Peter, für mich, Peters Verwandte und Freunde und für meine Leser.

Ich merke, dass es mir durch die Regelmäßigkeit meines Tagesablaufs gelingt, trotz allen Schmerzes Momente positiver Gefühle zu erleben. Wenn ich morgens und abends mit den Hunden durch die wilde Natur streife und dabei Holz, Blumen, Erde sammle, finde ich in diesen regelmäßigen Aktivitäten Trost.

24.5.
Die Herausforderungen häufen sich. Jetzt ist auch noch die Waschmaschine kaputt. Es kann sein, dass wieder irgendetwas den Abfluss blockiert. Das hatten wir schon zweimal, letztes Mal waren es große Geldstücke. Doch mit der Reparatur war immer eine Menge Arbeit verbunden. Die Marmorplatte muss abgehoben und die Waschmaschine nach draußen gehievt werden. Was Peter danach machte, weiß ich nicht mehr so genau, ich glaube, er ließ Wasser aus dem Gartenschlauch durchlaufen und irgendwie schaffte es dann, die Blockade zu lösen. Ich dachte, ich könnte auf einfachere Weise, mit einem flexiblen Draht oder dergleichen direkt am Standort etwas ausrichten. Aber bisher hab ich nichts Passendes gefunden. Also werde ich mich am Freitag ans gewohnte Werk machen. Vielleicht sorgt Peter ja per Telepathie für eine Eingebung.

Morgen singt unser Chor meist portugiesische Lieder, unter anderem Canção do Mar, in einer Altenwohnanlage mit angeschlossenem Kindergarten in Santa Catarina.

https://www.youtube.com/watch?v=pgqCBgpZTsQ

Schade, ausgerechnet morgen will auch Helga kommen. Sie ist in Eile und will in zehn Tagen in Deutschland sein. Ich hoffe, dass wir uns noch einmal sehen können, kann aber nicht wegbleiben, weil der Chor bei obigem Lied schwerlich auf meine Sopranstimme verzichten kann. Ich hab ihr gesagt, dass ich momentan vor nichts Angst habe, mir sei alles total egal. Sie sagte, „das kommt wieder, das war bei mir auch so. Ich hatte in USA einen Helikopterflug gebucht, alle anderen hatten Schiss. Aber jetzt würde ich das nicht mehr machen. Jetzt hänge sich wieder am Leben." Allerdings denke ich, dass sie vielleicht nicht den Einblick hatte, den mir Peter gewährte. Helga mag sich weniger sicher sein, was sie erwartet. Ich weiß von meiner Erfahrung als junge Frau sowie jetzt von Peter und den vielen Büchern, die ich mittlerweile über die Nachtoderfahrungen gelesen habe, dass das Leben im Jenseits in jedem Fall besser ist, als das fleischliche Leben auf der Erde.

Ich bin noch in der Phase, wo ich lieber bei Peter wäre, als hier weiterzuwursteln. Das, was Bolko am 22.2. Isabel gezeigt hat, mich auf der Buchmesse, am Tisch sitzend, mein erfolgreiches Buch signierend, reizt mich nicht. Es erweckt in mir keinerlei Vorfreude. Weltlicher Erfolg und Besitz trösten mich nicht. Für Peter wäre ich gern mal wieder reich geworden. Aber jetzt interessiert mich das nicht mehr. Und seit ich die andere Welt gesehen habe, sind die weltlichen Freuden weniger erstrebenswert denn je. Dennoch werde ich, sofern Peter mir wie versprochen, dabei hilft, das Buch über die Autohändlerzeit schreiben. Obwohl ich ja schon in *Familien Code* einiges darüber berichtet habe. Da Peter zu seinen Lebzeiten überhaupt keines meiner über zwanzig Bücher gelesen hat, wusste er das wohl noch nicht.

Nachtodkontakte mit Musikern, alten Meistern und berühmten Chirurgen

Mediale Operateure, Musiker, Maler und andere interaktive Seelen mögen manchem absurd erscheinen. Aber denken wir nur an die sogenannten Wunderkinder. Der moderne Mozart, Jay Greenberg, verlangte als Kleinkind ein Cello. In einem Musikgeschäft bekam er ein Miniaturcello, nahm den Bogen und begann sofort gefühlvoll und mit Kraft zu streichen. Bis zum Alter von 12 komponierte er fünf Symphonien. *The Storm* komponierte er in ein paar Stunden. Er spricht von multiplen Kanälen und dass die Musik unwillkürlich kommt. Sie fülle einfach seinen Kopf.

http://www.wimp.com/musicprodigy

Der auf folgendem Video gezeigte mediale Maler ist ein weiteres Beispiel für die Kanalisierung von der anderen Seite:

www.youtube.com/watch?v=URM8KGpjztE

Shirley MacLaine beobachtete Luiz Antonio Gasparetto in seinem Haus im kalifornischen Orange. Dabei kam Henri de Toulouse Lautrec durch und sprach über ihr früheres Leben als Prostituierte in Paris. Kein Wunder, dass *Irma la Douce* ihr eine Oscarnominierung einbrachte. Meine Freundin Dr. Ingrid Dennerlein-Barnack hatte früher für Antonio in Brasilien übersetzt. Luiz malt in Trance alte Meister, mit Buntstiften und Farbtuben. Die verstorbenen Meister verwenden ihn als Kanal, um uns zu sagen: Seht nur her, wir existieren noch!

Im folgenden Video von 1981 können wir sehen, wie Antonio während des Malens eines Toulouse Lautrec Bildes auch noch eine Botschaft des Meisters kanalisiert. Letzterer freut sich, dass er noch mit der physischen Welt verbunden ist und durch

Antonio eine Möglichkeit hat, weltverändernd zu wirken. Bei Minute 3:27 sagt er, dass vielleicht elektronische Geräte den Mediumismus bzw. die Kontaktaufnahme mit dem Jenseits ersetzen werden. Recht hatte er. Das hab ich ja gerade mit Peter erlebt. Es ist aber auch wichtig, dass wir offen für die Interaktionen mit unseren Lieben sind, weil wir sonst ihre Kontaktaufnahme gar nicht wahrnehmen oder als Zufall abtun und gleich wieder vergessen. Klar, dass sie dann irgendwann aufgeben.

https://www.youtube.com/watch?v=bWpc71VKiDI

Auch können die Seelen von Dr. Barnard, Dr. Sauerbruch und anderen berühmten Chirurgen durch Geistheiler arbeiten wie Oprah Winfrey in folgenden Videos gezeigt:

https://www.youtube.com/watch?v=smjWQninbUY

https://www.youtube.com/watch?v=MenNIoHiO5Y

Die spirituelle Welt arbeitet noch in vielen weiteren Projekten mit uns. Es wäre für uns alle ein Segen, wenn die Wissenschaft aufhören würde, blind gegen die Tatsache zu sein, dass wir, nachdem wir unseren Körper verlassen haben, in der immateriellen Welt weiterexistieren! Solange sie noch ihre Scheuklappen tragen, können wir selbst forschen und herausfinden, was uns die geistige Welt mitteilen will. Denn das, was wir aus Erfahrung lernen, macht die wahre Wissenschaft aus. Wenn wir erkennen, dass die Liebe die einzige Macht, der einzige Gott ist, brauchen wir vor nichts mehr Angst zu haben und am allerwenigsten uns vor dem Tod zu fürchten. Wenn wir wissen, wer wir wirklich sind, sind wir frei.

Nahtoderfahrungen und ihre Nachwirkungen

Dass es sich ohne die Last des leidigen Leibes leichter lebt, haben bereits Viele erfahren. Auch ich hatte in der Folge eines Autounfalls eine außerkörperliche Erfahrung. Im Bett liegend befand ich mich plötzlich auf einer anderen Ebene des Seins im Kreis vollkommen vertrauter Wesenheiten. Ich wusste alles von ihnen, mir war alles bewusst. Das intensive Gefühl des Einsseins, den unendlichen Ozean bedingungsloser Liebe empfand ich weit beglückender als alles, was ich bisher erlebt hatte. Aus diesem Grund fühlte ich Trauer und Leere, als ich mich wieder im Körper befand. Ich zweifelte, diese Art von Liebe in der physischen Welt erfahren zu können. Auch manche Art Musik mag beglückend sein, aber doch kein Vergleich. Seit dieser Zeit habe ich öfter mal Heimweh nach den himmlischen Gefilden.

Besonders ernst zu nehmend ist die faszinierende Nahtoderfahrung des Neurochirurgen Eben Alexander, der mit einer bakteriellen Meningitis eine Woche lang im Koma lag. Sein gesamter Neocortex, also der für das Bewusstsein zuständige Gehirnteil, funktionierte nicht mehr. Seine Überlebenschance lag bei 3 %. Während dieser Zeit war Alexander mit Tatsachen konfrontiert worden, die er selbst für unmöglich hielt. Er war in eine Welt aus reinem, hellem, weißgoldenem Licht eingetaucht. Es sei die „eigenartigste, schönste Welt" gewesen, die er je gesehen hatte. Alexander überprüfte seine Reise ins Jenseits nach streng wissenschaftlichen Kriterien und erkannte, dass wir alle ein Teil eines universalen, unsterblichen Bewusstseins sind. Er erkannte, dass der Tod des Körpers und des Gehirns nicht das Ende des Bewusstseins ist. Für ihn steht eindeutig fest, dass es tatsächlich ein Leben nach dem Tod gibt! (2016)

Der Krebsarzt Dr. Jeffrey Long überprüfte etwaige gehirn-physiologische oder chemische Erklärungen des Phänomens Nahtoderfahrungen und ist von seiner Realität überzeugt. Seine fesselnden und ergreifenden Fallgeschichten von Menschen jeden Alters und Kulturkreises erlauben uns einen Einblick ins Jenseits und bestätigen, dass die Reise weitergeht (2010).

26.5.
Ich bin geschafft. Die schwere Marmorplatte abheben war das Schlimmste. Dann die Schlepperei der Waschmaschine.

Draußen habe ich mehrmals Wasser in den Schlauch eingefüllt, und nachdem einige dunkle Fetzen ausgespült wurden, einen Probelauf gemacht. Sie pumpte wieder ab und schleuderte. Wieder drinnen pumpte die Maschine auch bei einem normalen Waschgang ab und schleuderte.

27.5.
Renate war mit den Kindern da. Sie fragte, ob sie mir helfen soll, die Platte wieder aufzulegen. Ich sagte: „Nee lass mal. Wir warten, bis Jochen wieder da ist. Ich wasche lieber noch mal. Irgendwie hab ich das Gefühl, dass das noch nicht vorbei ist. *Murphey's Law* hat ja in den letzten Wochen voll zugeschlagen, die beiden kaputten Uhren hab ich noch gar nicht erwähnt.‟

Ich schaue gerade das 24-Stundenrennen, vielleicht ist Peter dann wieder bei mir. Er ist ja auch ein paarmal durch die *Grüne Hölle* gerast. Ich denke nur an jenes Rennen, als der alte „Striezel‟ Stuck mit seinem Team Anfang des 21. Jahrhunderts im, wie er sagte, *schwersten 24-Stunden-Rennen aller Zeiten*, den 3. Platz holte. Da fegte mein noch um neun Jahre älterer Mann in der Nacht fünf Stunden über die Nordschleife. *Peters*

junge Mitfahrer waren bei Dunkelheit weniger schnell gefah-
ren, sodass er mit seinen Spirulina getunten Luchsaugen deren
Nachtrunden zum Teil übernahm. (Familien Code S. 69 f.)

Nun muss ich die Waschmaschine wieder rausschleppen und den Deckel abschrauben, weil ich eine Schraubenmutter nicht befestigt hatte und ein Teil beim Schleudern auf die Trommel schlug. Aber ich bin so geschafft vom Heben der 160 x 70-cm-Marmorplatte und Transportieren der Maschine, dass ich es erst morgen machen werde.

28.5.

Rineke hat mich eingeladen. Sie macht sich Sorgen, weil ich so abgenommen habe, ob ich denn richtig für mich sorge. Ich sagte, dass ich drei vollwertige Mahlzeiten zu mir nehme, aber mich viel mehr mit den Hunden bewege. Sie sagte, dass ich in letzter Zeit muffle, ob ich mich nicht wasche. Schock, das ist aber mutig von ihr, dachte ich. Ich wasche mich wie immer jeden Morgen, verwende den Lacoste Stift - der taugt wohl nix, da nehme ich jetzt besser Peters Spray. Dienstags mache ich vorm Singen Besorgungen. Da kann es bei schwachem Deo sein, weil ich selbst ja nichts rieche. Da werde ich jeden Tag vom Unterhemd bis zum T-Shirt oder der Bluse alles frisch gewaschen anziehen und ganz schnell die Laugenpumpe der Waschmaschine abdichten müssen. Deren Schlauch hat nämlich jetzt noch ein Loch. Jedenfalls bin ich Rineke dankbar; hätte ich selbst drauf kommen können, weil ich ja nichts rieche. Habe früher den typischen Schmusedeckenduft auch schon an anderen bemerkt, nur nicht den Mut gehabt, etwas zu sagen. Allerdings in so einer Extremsituation könnte ich es wohl auch.

Gerade hab ich mir eine Vitamin-B-12-Spritze in den Muskel gejagt und dabei gemerkt, dass auch das Schmerzempfinden stark reduziert ist. Denn gerade B12 hat bisher immer ziemlich weh getan, viel mehr als andere Spritzen, auch noch eine Zeit lang nach dem Spritzen, aber ich merke absolut nichts.

31.5.
Es sind jetzt rund dreieinhalb Monate vergangen. Die Trauerarbeit war bisher sehr schwer, aber heute zeichnet sich ein Silberstreifen ab. Gerade hat sich Nicole gemeldet, da ich mich für Ihren Brief per E-Mail bedankt habe. Sie hat mit mir am 27.11. Geburtstag, und wir haben beide Probleme mit dem Status quo. Nicole schlug vor, einen VW-Bus in Argentinien zu leihen und damit Südamerika zu bereisen. Peter wollte das gern mit dem Wohnmobil machen. Ich hatte ihm auch zugeredet. Viele Deutsche sind in Südamerika mit ihren Campern und lassen sie mitunter dort und fliegen im Sommer in die Heimat. Aber Peter hatte nicht mehr so den rechten Drive. Deshalb bin ich überzeugt, dass er uns mit Begeisterung begleiten würde.

14.6.
Gestern holte ich vorm Singen den Fernseher ab. Ich sagte zu dem jungen Mann, ich würde ihn gern testen, um nicht noch einmal kommen zu müssen, falls er nicht geht. Er sagte, „this is not possible, you have to do it at home." Ich hatte tatsächlich wieder die Fernbedienung vergessen. Zu Hause öffnete ich den Karton und da strahlt mir eine ganz neue entgegen. Erst dann merkte ich, dass es sich um ein kleineres Gerät handelt.

Heute bin ich mit Sigrid wieder hingefahren und habe gesagt: „I brought my lawyer friend to be on the safe side." Und siehe da: Sesam öffnete sich und bescherte mir einen teureren Samsung TV, da es nur noch kleine Nevirs gab, ich aber Anspruch auf ein 40-Inch-Gerät habe. Hoffentlich ade Murphy!

Zum Gedenken an Claus-Peter Christian Adolf Meyer

Am 11.2.2017 um 15:15 wurde Claus-Peter, die große Liebe meines Lebens, gefällt, wie ein Baum, mitten aus dem Leben gerissen, genau so, wie er es immer wollte. Sein ältester Sohn Jens-Peter mit Bianca, der jüngere Sohn Arnd mit Michaela, deren Kinder Katja, Anika und Marika sowie sein Bruder Joachim mit Renate, Anna und Familie sowie viele Freunde und Verwandte trauern mit mir, seiner Witwe Marianne Erika.

Claus-Peter wurde am 4.2.1942 als Ältester von zwei Brüdern der Eheleute Lisa und Ernst-Peter in Wilhelmshaven geboren. Die Kriegsjahre verbrachte die Familie auf Gut Moorbeck. Schon früh lernte Peterchen, wie er seiner Neigung, dem Autofahren, nachgehen kann. Kaum übers Lenkrad gucken könnend, erkundete er mit Bruder Jochen die Wilhelmshavener Nachbarschaft. In der Schule war es CP gestattet, eine Ehrenrunde zu drehen. Und, weil sein Lehrer ihn nicht nur mit Nackenschlägen quälte, durfte er das Inselinternat auf Wangerooge besuchen. Ist es Zufall, dass Ersatztochter Mandira gerade das Haus der Heilpraktikerin Rosi auf Wangerooge geerbt hat, die vor Jahren vergeblich Peter mit Nadeln spickte, um ihm das Rauchen abzugewöhnen? Das schaffte er allerdings vor 10 Jahren ganz alleine.

Nach einer Mechanikerlehre bei Opel heiratete Claus-Peter im zarten Alter von 19 Jahren die 17-jährige Erika Harms, da bereits ein strammer Stammhalter unterwegs war. In dieser Zeit verkaufte er Lastwagen für Daimler Benz, bis sein Vater anbot, ihm ein BWL-Studium zu finanzieren und die Familie zu unterstützen. Ernst-Peter stellte sich vor, dass sein Ältester in seinem mit Partner Klett geführten Wein-, Tabak- und Spirituosengroßhandel arbeiten könnte. Daraus wurde aber nichts, da

Ernst-Peter kurz nach Beendigung des Studiums verstarb. Drei-einhalb Jahre nach Jens-Peter erblickte ein neuer Erdenbürger das Licht der Welt. In Ermangelung eines Namens, da die Ehe-leute fest mit einem Mädchen gerechnet hatten, wurde Arnd per Ausdeutung im Namensbuch benannt. Claus-Peter fing nach dem Studium als Geschäftsführerassistent bei Karstadt an. So langsam arbeitete er sich gen Süden, von wo aus er seinem Mo-torsport einfacher nachgehen konnte. Während seiner Arbeit als EDV-Organisator in der Metallgesellschaft in Frankfurt konnte Peter sich ab und an vom Arbeitsplatz entfernen, um im Aka-mot, dem Akademischen Motorsport Team, an seinen Rennau-tos zu schrauben. Sein Favorit war der rote Glas. Als er ihn zu-sammen mit Erika besichtigte, sagte diese hinterher, „ich hab es in seinen Augen gesehen, er hätte ihn sogar gekauft, wenn er keine Räder gehabt hätte." Das hat mir Peter übrigens in den letzten Tagen noch erzählt. Ich denke, er wusste von seinem na-henden Abschied genau wie damals mein Vater, der seinen letz-ten Jahresordner mit „bis Ende Sept. 98" beschriftete und am 1.10. seine leibliche Hülle verließ. Peter hat fast all seine Do-kumente entsorgt; die Ordner sind neu beschriftet und fast nur noch meine Unterlagen da.

Die Ehe wurde nach 10 Jahren geschieden, die Söhne blieben bei der Mutter, die Peters ehemaligen Rallyebeifahrer Lothar Redelfs heiratete. Nach einer zweijährigen Beziehung mit Ute Schaupensteiner lebte Peter ein halbes Jahr mit seinem Wil-helmshavener Freund Eckhard Drexler in Frankfurt. Dort star-tete er nach einem halbjährigen Intermezzo bei einem Pelz-händler einen Gebrauchtwagenhandel, da ihm sein Steuerbera-ter geraten hatte, dass er wegen seiner Einnahmen aus Vermie-tung und Verpachtung mit einem Handel besser fährt, da ihm sonst kaum etwas von den Einnahmen bliebe. Eines seiner ersten gehandelten Autos war ein hellblauer Sparkäfer, den ich, die Sozialpädagogikstudentin Marianne Holschuh, in der Rundschau Anfang 1974 entdeckte. Sofort fuhr ich mit dem Käfer meines ebenfalls in WHV gebürtigen Freundes Heinz-Peter zu meinem künftigen Ehemann Claus-Peter. Wir heirateten am 4. November 1980, am Tag, als der Reagen kam.

Es war im vorletzten Jahr des zehnjährigen Aufenthaltes in Kalifornien, dass Peter nach rund 40-jähriger Funkstille wieder Kontakt zu seinen Söhnen suchte. Ich sehe heute noch das Leuchten in seinen Augen, als er das zwei Seiten lange Fax von Jens-Peter in den Händen hielt.

Wieder in Deutschland lebend, betätigte sich Claus-Peter als Testfahrer für AMG Mercedes am Nürburgring. Sein Leben war weder mittelmäßig noch langweilig oder sicher. Wenn es mal nach einer Fehlinvestition wieder hochemotional hergegangen war, sagte Peter stets, vielleicht hättest du besser einen Buchhalter geheiratet. Dabei fällt mir eine Zeile meines astrologischen Charts ein, *die Notwendigkeit von Veränderungen ist sehr wichtig.* Dafür hatte Peter immer gesorgt und deshalb hielt unsere Ehe. Für das Material künftiger Romane übrigens auch.

Das Einzige, was Peter in seinem voll ausgekosteten Leben bereute, war, dass er nicht mehr dafür getan hat, Berufsrennfahrer zu werden. Die Zeit, in der er mit Autos zu tun hatte, waren seine glücklichsten Jahre. In seinen letzten beiden Rennen mit seinem MGB in Las Vegas und Palm Springs 1998 belegte er den ersten und zweiten Platz. Peter hat mich am 22.2.2017, vermittelt über Isabel Bannier-Groß, gebeten, über die Autohändlerzeit in Frankfurt und Los Angeles später mal ein Buch zu schreiben. Fünf Tage zuvor hatte er mir seine helle, warme neue Welt gezeigt und dabei ausgesprochen glücklich gewirkt. Ich vermisse ihn so sehr und wäre jetzt gern bei ihm.

Nachwort

Sollen wir die Toten ruhen lassen? Dies bejahen einige Leute, mit denen ich es zu tun habe. So auch Inge Schneider, die Chefin des Jupiter Verlages, der ich auf diesem Weg ganz herzlich für die Durchsicht des Manuskripts und ihre Anmerkungen danke.

Ich denke nicht, dass ich mich ans Jenseits klammere, selbst, wenn es in meiner gegenwärtigen Lage so scheint. Ich habe ja auch schon beide Eltern verloren und war nie fixiert. Dennoch melden sich beide zu bestimmten Zeiten, aber von sich aus. Nur bei den Tests mit den Wasserkristallfotos habe ich meinem Vater eine Frage gestellt. Indes beim plötzlichen Tod meines Mannes habe ich am 6. postmortalen Tag den Rat meiner Freundin Carole Madrid befolgt: die linke Hand aufs Herz, die rechte auf den Solarplexus gelegt, nach Norden geschaut und Peter gerufen, dass er komme. Er zeigte mir seine Umgebung.

Einen Tag vor der Trauerfeier habe ich es wieder gemacht. Ich wachte in der Nacht von einem Geräusch auf, schnappte das auf dem Nachttisch liegende Messer, aber es war kein Einbrecher, sondern Peter. Er stand vor meinem Bett. Ich flog ihm in die Arme. Er trug wieder ein Kleidungsstück von spezieller Bedeutung: der von mir gestrickte graue Pullover. Peter hatte ihn von meinem Vater geerbt. Ich spürte noch eine Weile das weiche Material an den Händen. Peter hat sich seit unserem letzten Zusammentreffen erheblich verjüngt.

Ich erzählte der Eierfrau mein Erlebnis. Fernanda sagte, sie hätte das auch mit ihrer Mutter erlebt. Diese sei jung und schön im Schlafzimmer erschienen und habe sich eine Weile zu ihr ins Bett gelegt. Das scheint eine verbreitete Erscheinung zu sein.

Die Seebestattung mit *Sagres, Stones* & Co. war die beste Trauerfeier, die alle Anwesenden je erlebt haben und ganz im Sinne von Peter: erfreulich aus dem Rahmen fallend.

Literatur

Alexander, Eben: Blick in die Ewigkeit: Die faszinierende Nahtoderfahrung eines Neurochirurgen. München 2016

Guggenheim, Bill and Judy: Trost aus dem Jenseits: Unerwartete Begegnungen mit Verstorbenen. Frankfurt 1999

Jürgenson, Friedrich: Sprechfunk mit Verstorbenen. München 1996

Kagan, Annie: Das zweite Leben des Billy Fingers: Bericht aus dem Jenseits: Wie mein Bruder mir bewies, dass es nach dem Tod weitergeht. München 2015

Kübler-Ross, Elisabeth: Über den Tod und das Leben danach. Güllesheim 2012

Long, Jeffrey: Beweise für ein Leben nach dem Tod: Die umfassende Dokumentation von Nahtoderfahrungen aus der ganzen Welt. München 2010

Meyer, Marianne E.: Familien Code. Norderstedt 2016
Wasser verbindet die Welten. Norderstedt 2016
Spirulina, Überlebensnahrung der Zukunft, Norderstedt 16

Stead, Estelle: Die blaue Insel. Ein Blick in das Leben im Jenseits. Artha Versandbuchhandlung 2015

Hier können Sie Ihre Nahtoderfahrungen anderen mitteilen und die von anderen lesen

http://www.nderf.org/German/index.htm